願いを叶える 全国の神社・お寺の絵馬

マイナビ

絵馬いまむかし

絵馬のはじまり

　古来、神様は馬にお乗りになって、私たちの人間界にいらっしゃると信じられてきました。馬は神聖な動物とされ、祭礼に欠かせない存在だったのです。人々は馬を献上し、神々の降臨を願いました。

　しかしながら、生きた馬を献上するというのは簡単なことではありません。馬の献上は次第に簡素化されていきました。立体的な馬の像になり、板に描かれた馬の絵となり、絵馬になったといわれています。

　安土桃山時代になると、「大絵馬」「額絵馬」と呼ばれる大きくて立派な絵馬が流行するようになります。馬はもちろん、神仏、武者、物語など、さまざまな図柄が描かれ、狩野派や土佐派などの有名な絵師による絵馬も登場しました。奉納された絵馬を人々が鑑賞できるよう、社寺には絵馬堂が建てられました。

　一方で、私たちになじみのあるサイズの「小絵馬」も、庶民の間に広がっていきます。江戸時代には、さまざまなデザインの絵馬が生まれました。武蔵第六天神社の向かい天狗の絵馬（写真上）や、大手神社の手の絵馬（Ｐ１３１）などは、当時のデザインを今に伝えているものです。また、宝山寺の絵馬（Ｐ１４０）のように、願い事が「絵解き」になっているものもあります。

黒い枠が付いた絵馬

古い絵馬や昔ながらの絵馬には、左の写真の絵馬のように、黒い枠が付いたものがあります。上岡観音の絵馬市の絵馬（P17、28）は、昭和13年頃から枠を付けはじめたのだそう。鳥居形の枠は「縁起がいい」と喜ばれ、家形の枠は「屋根の真ん中を持ち上げるほど縁起がいい」とされたそうです。黒い枠には、屋根の部分だけのタイプもあります。

絵馬は時代とともに

社寺で授与していただける現在の絵馬は、実に多種多様となりました。なかには3Dプリンターや、最新のデジタル技術を用いて作られた絵馬も登場しています。絵馬の形もさまざまで、顔を描き込めるものや、袋に入れるもの、組み立てるものなど、いろいろな趣向が私たちを楽しませてくれます。

絵馬は時代の流れを反映するといわれます。コロナ禍においては、大勢の人々が疫病退散を願い、世界中の病気平癒を祈りました。科学技術が進んだ現代であっても、絵馬に願いを託したいという気持ちは、私たちの奥底にずっと根付いています。魅力あふれる絵馬との出会いが、私たちの祈り、願い、そして思いを、より一層強めてくれることでしょう。

目次

第一章 諸願成就の絵馬

第二章　ご利益に合わせて願う絵馬

ペット

ご利益いろいろ

COLUMN

絵馬を奉納する・飾る・お礼参り

願い事を書いて絵馬掛けに奉納

絵馬の裏側に願い事を書いて奉納します。名前や日付を書いておくと、より一層願いが伝わりやすくなります。社寺によっては目隠し用のシールを配布しているところもあります。「絵馬掛け」がある場合は、絵馬掛けに絵馬を奉納します。

家に持ち帰ってお飾りする

自宅の玄関や神棚、部屋の神聖な場所や仕事場などに飾るタイプの絵馬もあります。社寺に絵馬掛けがあっても、自宅に飾って大丈夫な絵馬も多いです。願い事が叶ったり、飾って1年が経ったりした絵馬は、社寺にお返ししてお礼をしましょう。

お礼参りで感謝の気持ちを

願い事が叶ったら、お礼参りをしましょう。願いが叶ったことを神様・仏様にご報告し、感謝の気持ちを伝えます。絵馬にお礼を書いて奉納するのもいいですね。社寺によっては、お礼用の絵馬を頒布しているところもあるので確認してみましょう。

お参りの作法と絵馬の授かり方

1 鳥居・山門をくぐる

神社の鳥居とお寺の山門は、日常と聖域の境界線。鳥居をくぐるときは、一礼して神様にご挨拶します。鳥居や参道の真ん中は神様の通り道なので、真ん中は避けましょう。山門は、合掌してからくぐります。このとき山門の敷居は踏まないように。

2 手水の作法

お参りする前に、手水舎で身を清めます。作法は神社もお寺も同じです。また時節柄、手水舎の使用が変更されている場合があります。各社寺のルールに従いましょう。

— STEP 1 —

右手で柄杓を持って水をすくい、左手を清めます。

— STEP 2 —

清めた左手で柄杓を持ち直し、右手を清めます。

— STEP 3 —

左手で水を受けて口をすすぎます。柄杓に直接口をつけないように。

— STEP 4 —

再び左手を清め、柄杓に残った水を柄にたらして清めます。

3 参拝の作法

お参りする場所が複数ある場合は、一番大きな拝殿や本堂からお参りします。神社では二拝二拍手一拝が一般的。お寺では合掌をして祈願します。くれぐれもお寺で柏手を打たないようにしましょう。また、参拝者が多い場合はゆずり合いの気持ちをもちたいですね。

【神社】

STEP 1

お賽銭を入れます。鈴があれば鳴らします。

STEP 2

神前に向かって姿勢を正し、2回深くおじぎをします。

STEP 3

2回拍手をし、手のひらを合わせてお祈りします。

STEP 4

最後にもう一度深くおじぎをします。

【お寺】

STEP 1

線香やろうそくをお供えします。

STEP 2

お賽銭を入れます。鰐口《わにぐち》があれば鳴らします。

STEP 3

両手を静かに合わせて合掌。おじぎをしてから祈ります。

STEP 4

最後におじぎをし、焼香台があれば焼香をおこないます。

4 絵馬を授かる

お参りをしてから、授与所で絵馬を受けます。社寺によっては、社務所や寺務所が授与所になっている場合もあります。無人の社寺では、近隣のお店や総代さんが頒布を代行している場合もあります。多くの社寺には絵馬を書く場所があり、筆記具なども用意されています。念入りに書きたい場合は、家に持ち帰って後日改めて奉納しましょう。

本書の見方

本書では、第一章では諸願成就の絵馬、
二章では縁結びや合格祈願など特別なご利益がある絵馬を紹介しています。
社寺の住所、授与時間、交通(アクセス)、電話番号、
郵送での授与についてなどの情報は、社寺名下の欄に記載しています。

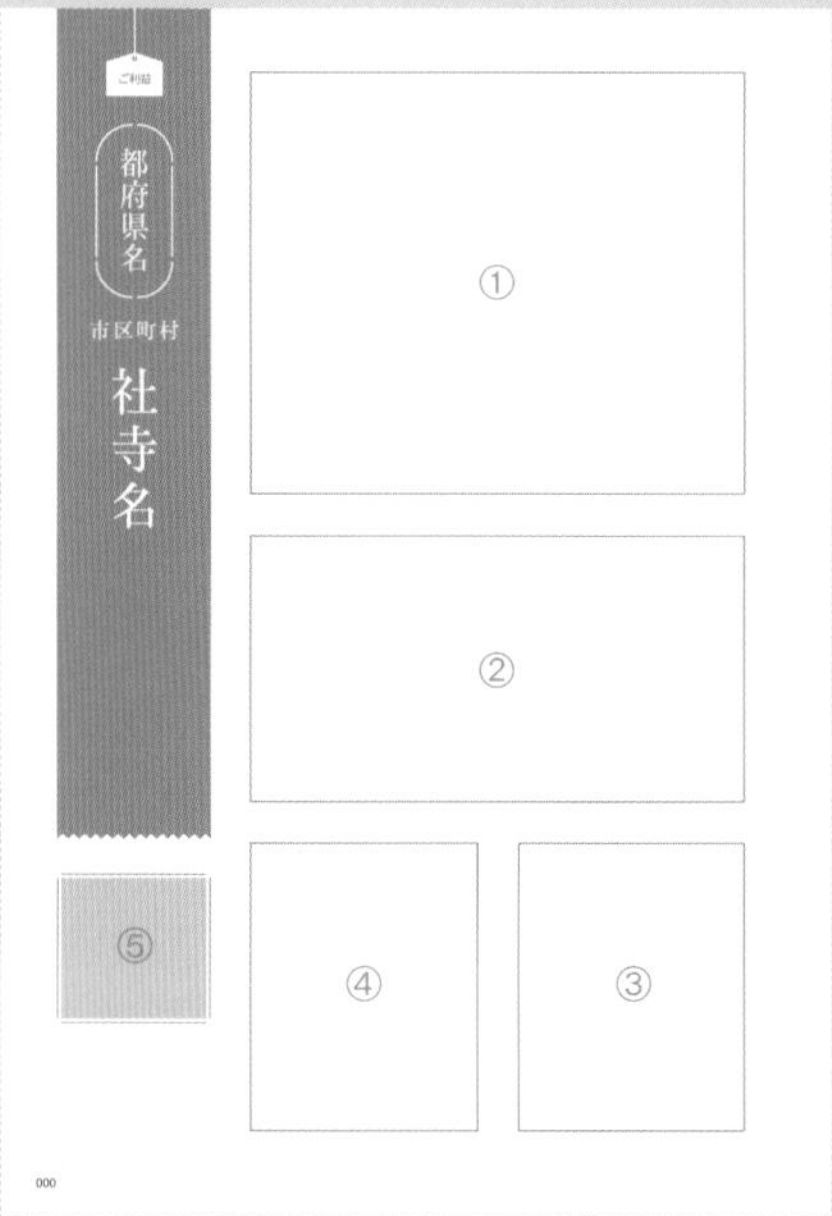

①絵馬の実物写真

②絵馬の由来や歴史、デザインなどについて

③社寺の紹介や、境内にある歴史を感じられるスポットなどについて

④授与品や社寺の行事などについて

⑤社寺の基本データ

●住所・授与時間・交通について

無人の社寺の場合、絵馬の頒布所が社寺とは別の場所になることがあります。授与時間は通常時のものを記載しています。時節柄、授与時間帯を変更している場合もありますので、おでかけの際にはご確認ください。また、交通については、社寺へのおもなアクセスを記載しています。

●郵送での授与について

絵馬を郵送で授与していただける場合は「郵送での授与可」としています。公式ホームページに申し込み方法がある場合は「公式HPから」、電話で申し込む場合は「電話で問い合わせを」としています。

＊神様や御本尊のお名前は、各社寺の表記に統一しています。
＊社寺の祭礼は、例年おこなわれる日程を記しています。新型コロナウイルスの影響を考慮して、変更・中止される場合もあります。ご参拝の際は、各社寺のホームページやＳＮＳ、観光協会等のホームページなどでご確認ください。
＊絵馬やお守りなどの授与品は、デザインの変更、新しい授与品への変更、頒布が終了になることがあります。また、手作りの授与品などは、頒布の数量が限定されているものもあります。
＊授与品は１年を通して授与していただけるものがほとんどですが、授与期間が設けられているものもあります。
＊コロナ禍の時期にかぎり、郵送での授与をおこなっている社寺もあり、「郵送での授与可」の記載がない場合でも、個別に対応していただけることもあります。
＊情報は令和３（2021）年11月現在のものになります。

第一章
諸願成就の絵馬

北から南まで全国各地で見られる
個性豊かな絵馬の数々。
ここでは、さまざまなお願い事ができる
絵馬をご紹介します。

諸願成就

宮城県

［大崎市］

鹿《か》島《しま》台《だい》神《じん》社《じゃ》

ナギーとナミーに服を着せて
思い思いの願い事に！

ナギーとナミーの祈願絵馬は、鹿島台神社のご祭神である伊邪那岐命《いざなぎのみこと》と伊邪那美命《いざなみのみこと》のお姿をしています。この二柱の神様は、日本列島を生み出された夫婦神です。令和元年から授与されているこの絵馬の楽しみは、思い思いの絵を描いて奉納できること。神職さんいわく「良縁祈願でウエディングドレスを、合格祈願で志望校の制服を描いてくださる方もいらっしゃいます」とのこと。

遠方の方には、郵送での授与もしていただけます。絵馬が届いたら、願い事と好きな絵を描いて、鹿島台神社に郵送で奉納しましょう。境内にある絵馬掛けには、全国から届いた絵馬が、にぎやかに奉納されています。

鎌田翁の「わらじ絵馬」

つぎはぎだらけの服にわらじ履きを貫いた鎌田翁は、村民から「わらじ村長さん」と呼ばれて親しまれました。鎌田翁の偉業を語り継ぎ、今後の繁栄を願って生まれたのが「わらじ絵馬」。健脚祈願、無病息災、努力が花開くことを願います。

神社・周辺情報

明治42年、14社の神社が合祀されて今の鹿島台神社になりました。合祀に尽力をしたのは、鹿島台村（現・大崎市）五代目村長に就任した鎌田三之助翁。無報酬で38年間村長を務め、干拓事業や治水事業などさまざまな功績を残しました。

住所 宮城県大崎市鹿島台広長字鹿島14
授与時間 9:00〜16:00
交通 JR鹿島台駅から徒歩15分
電話 0229-56-2386

郵送での授与可
公式HPから

諸願成就

宮城県

［仙台市］

青《あお》葉《ば》神《じん》社《じゃ》

戦国時代の英雄、
伊達政宗公の威風堂々たる絵馬。

青葉神社の御祭神は伊達政宗公。神名を武振彦命《たけふるひこのみこと》とおっしゃいます。戊辰戦争で伊達家が敗れた後、明治7年に旧藩士を総代とした住民によって創建されました。

雄々しい政宗公が描かれたこの絵馬は、家に持ち帰ってお飾りする飾り絵馬です。神棚などに立ててお祀りできるよう、木製の足が付いています。

現在の宮司は片倉家の方が務めておられるのだそう。片倉家は、政宗公の重臣であった片倉小十郎景綱《かげつな》公の子孫。景綱公は政宗公に忠義をつくした武将であったと伝わります。政宗公の時代から400年以上たった今も、おふたりの絆が感じられる神社なんです。

住所	宮城県仙台市青葉区青葉町7-1
授与時間	9:00〜17:00
交通	JR北仙台駅から徒歩7分
電話	022-234-4964

郵送での授与可

公式HPから

和と楽のお守り

人生を楽しく和やかに過ごせるよう祈願されたお守りです。白いお守りには「和」、黒いお守りには「楽」という文字が刺繍されています。「和」の文字は、世界の平和を願って図案化されたものなのだそうです。

神社・周辺情報

毎年５月の「仙台・青葉まつり」では、青葉神社の神輿が市中を練り歩きます。青葉まつりは山鉾をはじめ、時代絵巻巡行や仙台すずめ踊りなど、華やかで盛大なお祭り。政宗公の命日である５月24日には、青葉神社で例祭がおこなわれます。

諸願成就

茨城県

［東海村］

村《む》松《まつ》山《さん》虚《こ》空《くう》蔵《ぞう》堂《どう》《ら》

絵馬の古い形式を今に伝える
虚空蔵さんの「真弓馬」。

古くから参拝土産として親しまれてきた村松山虚空蔵堂の「真弓馬《まゆみうま》」。「村松の立絵馬」とも呼ばれ、絵馬の古い様式を伝えているといわれています。授与していただいた絵馬は、家に持ち帰って飾ります。

虚空蔵堂には「十三詣り」という、数え年で13歳になった男児・女児の厄除け、開運、知恵授けにお参りする有名な行事があります。昔から人々は十三詣りのお土産に真弓馬を買い求め、子供たちの健やかな成長を願いました。また、真弓馬を持ち帰った女の子は幸せになるという伝説もあります。

一時は作り手が途絶えてしまいましたが、虚空蔵堂が技術を保存、伝承して今に受け継がれています。

住所　茨城県那珂郡東海村村松8
授与時間　9:00～17:00
交通　JR東海駅からバス17分
電話　029-282-2022

もうひとつの縁起物「宝舟」

「宝舟」は長さ30センチほどもある立派な舟で、独木舟（まるきぶね）という古代の舟の形をしています。左右に大きく張り出した３枚の桁（けた）は、舟の横転を防いだ名残なのだそう。大漁祈願、海の安全の願いが込められた縁起物です。

寺院・周辺情報

日本三体虚空蔵のひとつ。その歴史は古く、平城天皇の勅額により、平安時代初期に弘法大師によって創建されました。地元からは「虚空蔵さん」という呼び名で親しまれています。周辺は緑豊かで自然遊歩道もあり、海が見えるスポットも。

諸願成就

群馬県

［高崎市］

少《しょう》林《りん》山《ざん》達《だる》磨《ま》寺《じ》

住所	群馬県高崎市鼻高町296
授与時間	9:00〜17:00
交通	JR高崎駅からタクシー15分、またはバス30分
電話	027-322-8800

倒れてもすぐ起き上がる！ だるまさんは縁起物の代表選手。

「高崎のだるま市」で有名な少林山達磨寺は、縁起だるま発祥のお寺。江戸時代中期、九代目東嶽《とうがく》和尚が飢饉に苦しむ農家を救うため、だるまの木型を作って作り方を伝授したのが由来なのだそうです。

赤いだるま絵馬は大願成就・開運吉祥、紫は学業成就・合格祈願、ピンクは恋愛成就・良縁祈願とありますが、好きな色を選んで好きな願い事をしてもよいとのこと。だるまファンなら全部そろえたくなりますね。

だるまの元となったのは、菩《ぼ》提《だい》達《だる》磨《ま》という実在のお方です。その昔、インドでお生まれになって中国で修行をされました。後に達磨大師と呼ばれ、9年間坐禅を続けられたお姿が、今のだるまとなったそうです。

だるまのお守りも

張り子の「祈願だるま」が有名ですが、身につけるタイプのお守りも人気です。写真の「だるま守」は、ころころとした巾着型のお守り。赤、白、黄、紫、ピンクと5種類あり、それぞれご利益があります。選ぶのが楽しくなるお守りです。

寺院・周辺情報

少林山達磨寺は黄檗宗（おうばくしゅう）のお寺。ドイツの建築家、ブルーノ・タウトが昭和初期に居住していた「洗心亭」が史跡として残されていることでも有名です。古今東西のさまざまなだるまが、所狭しと展示されている「達磨堂」は必見。

諸願成就

群馬県

［高崎市］

山《やま》名《な》八《はち》幡《まん》宮《ぐう》

いかつい獅子頭に
諸願成就の願いを込めて。

安産子育ての宮として知られる山名八幡宮。この神社には「子育て獅《し》子頭《しがしら》」という、張り子で作られた授与品があります。子供が頭にかぶれるようになっていて、これをかぶると夜泣きやかんしゃくなど、いわゆる「疳《かん》の虫」が治まるといわれています。山名八幡宮でしか受けられない縁起物で、4月と10月におこなわれる例大祭では、たくさんの獅子頭がにぎやかに並びます。

この絵馬に描かれているのが、子育て獅子頭。いかにも疳の虫や厄を追い払ってくれそうなお顔立ちですね。諸願成就の絵馬で、子育てはもちろん、好きな願い事をすることができます。

夏の病を防ぐ絵馬

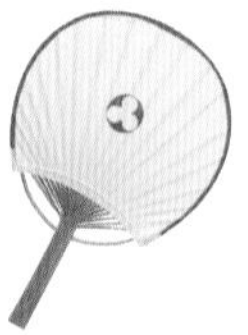

団扇（うちわ）は災厄を除ける縁起物のひとつ。夏季のみに授与される「団扇絵馬」は、手のひらサイズの小さな団扇の絵馬です。裏側に願い事を書いて夏の間、家に飾ります。夏が終わったら境内にある「団扇納め所」にお返しします。

神社・周辺情報

山名八幡宮は2017年にグッドデザイン賞を受賞した神社です。建物の古めかしさはそのままに美しくリノベーションされた授与所には、スタイリッシュなお守りが並びます。小さなお子さんや妊婦さんにやさしいカフェもあります。

住所 群馬県高崎市山名町1581
授与時間 9:30〜16:30
交通 上信電鉄線山名駅から徒歩1分
電話 027-346-1736

郵送での授与可

電話で問い合わせを
（団扇絵馬は夏期のみの授与）

上岡観音《かみおかかんのん》の絵馬市〜前編〜

COLUMN

絵馬好きが愛してやまない「市」があります。埼玉県東松山市の上岡観音で、毎年2月19日の縁日に開かれる絵馬市です。境内には絵馬のお店が出て、たくさんの絵馬が並べられます。すべての絵馬が、絵馬師さんの手によって描かれたもの。参拝者は好みの絵馬を手に取り、売り子の方と絵馬談議に花を咲かせます。

上岡観音は妙安寺にあるお堂で、馬頭観世音《ばとうかんぜおん》を御本尊としています。馬頭観世音のご利益功徳は馬にかぎりませんが、江戸時代に「馬の観音様」として広まり、関東一円の農家から篤く信仰されてきました。当時、馬は暮らしにとって欠かせない大事な働き手。縁日にはきれいに着飾った馬とともにお参りし、自分の馬とよく似た毛色の絵馬を求めたそう。絵馬は各自の厩《うまや》に飾って馬の無病息災を祈りました。

現在の絵馬市には、農家だけでなく、乗馬や競馬、運送業にたずさわる人が、全国からお参りにこられるそう。もちろん全国の絵馬好きも！　もはやアートと呼んでしまいたくなる、愛すべき絵馬なのです。

絵馬市には早めに到着するのがおすすめ。11時には「お練り」と呼ばれる御神馬の行事があります。
（東松山市観光協会より提供）

妙安寺 上岡観音

住所　埼玉県東松山市岡1729
交通　東武東松山駅からバスで20分
電話　0493-39-0052
●絵馬市の開催日時
毎年２月19日
9:00〜16:00

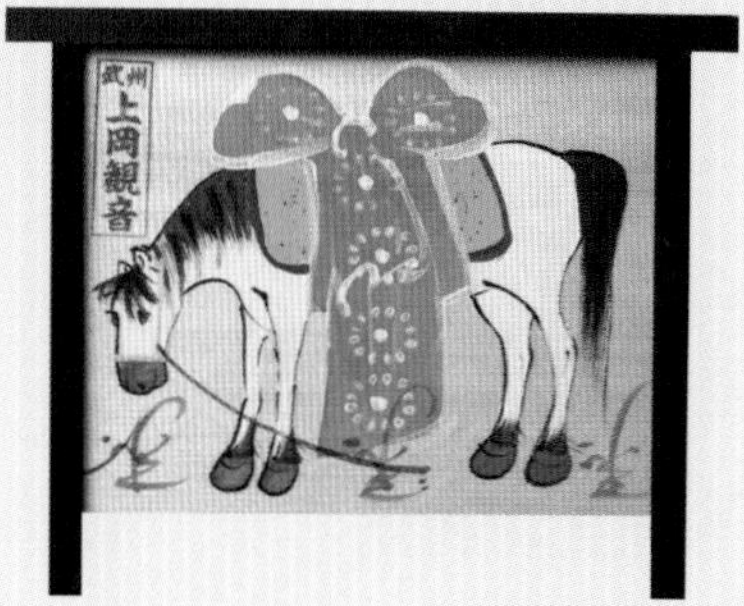

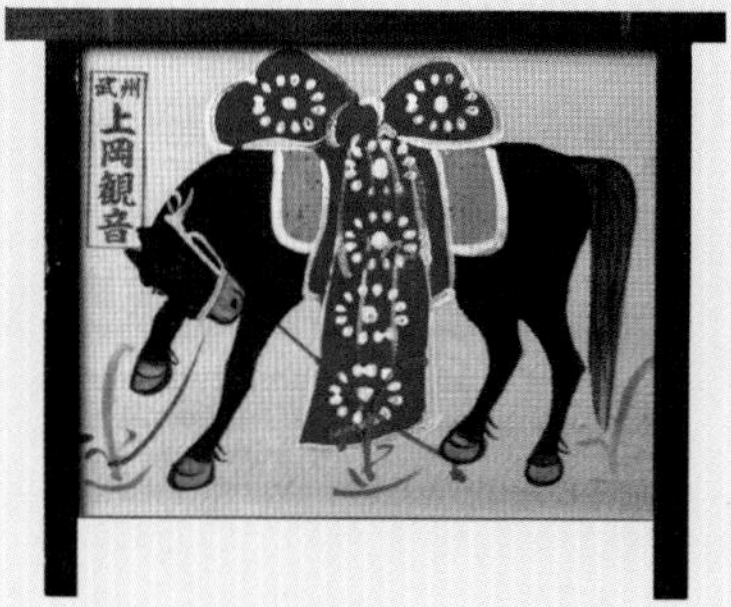

右の少し跳ねている馬が「ハネ」、左のおとなしそうな馬が「タチ」と呼ばれます。
馬の毛色は７種でしたが、近年はピンク色の馬も登場しているそう。

諸願成就

埼玉県

［熊谷市］

埼《さい》玉《たま》厄《やく》除《よ》け開《かい》運《うん》大《だい》師《し》 龍《りゅう》泉《せん》寺《じ》

だるまさんのお顔を
描き込めるキュートな絵馬。

関東で唯一、厄除けと開運のお大師様をお祀りする、埼玉厄除け開運大師。江戸時代から続くお正月のだるま市は、厄除け開運を願う人とだるまを買い求める人でにぎわいます。埼玉県で作られただるまは「武州達磨」と称され、群馬県に次ぐだるまの生産地でもあります。

だるまをかたどったかわいい「願いだるま絵馬」は、赤とピンクの2種。赤は家内安全、身体健康、病気回復、合格祈願、健康長寿など、さまざまな願い事を。ピンクは特に、縁結びや恋愛成就、子宝・安産などのご利益が込められています。願い事をなんでも叶えてくれるだるまは、頼もしい縁起物ですね。

フォトジェニックな絵馬掛け

願いだるま絵馬の絵馬掛けは、赤とピンクに彩られた人気のスポット。願い事だけでなく、顔を描き入れたりと、楽しく祈願ができます。また、切り絵御朱印発祥のお寺でもあり、美しい御朱印をいただけるのも楽しみのひとつ。

寺院・周辺情報

1200年の歴史をもち、厄除け、開運、方位除けのご利益があることから「厄除け開運本山」としても知られるお寺。古来、黄金に輝き特別な力をもつとされる厄除け金色大師様と開運金色大師様の二体のお大師様をお祀りしています。

住所 埼玉県熊谷市三ヶ尻3712
授与時間 9:00〜18:00
交通 JR籠原駅からタクシー5分
電話 048-532-343
郵送での授与可
公式HPから

諸願成就

埼玉県

[さいたま市]

武《む》蔵《さし》一《いちの》宮《みや》氷《ひ》川《かわ》神《じん》社《じゃ》

住所	埼玉県さいたま市大宮区高鼻町1-407
授与時間	8:30〜16:30
交通	JR大宮駅から徒歩15分
電話	048-641-0137

好きな人の名前を書いても大丈夫。色とりどりの袋にお願いを。

「大いなる宮居《みやい》」として、大宮の地名の由来ともなった武蔵一宮氷川神社。こちらの絵馬掛けには、ちょっと変わった絵馬が奉納されています。令和元年から授与されている「ふくろ絵馬」で、袋の中には紙の絵馬が入っています。願い事がほかの人に読まれないよう、この形が考案されたのだそうです。

「ふくろ絵馬は10色あります。参拝者の方に好きな色を選んでいただくことで、境内が華やかになります」と、神職さん。絵馬に願い事と自分の名前を書き、願いを込めながら絵馬を少し折り曲げて袋に入れましょう。すると袋がふっくらとふくらんで、愛らしい巾着の形になります。

絵馬掛けを彩るふくろ絵馬

記入台に用意されたカラフルなペンで願い事を書き、絵馬を袋に入れたら、拝殿の右手にある絵馬掛けへ。たくさんの願いが込められた、ふくろ絵馬を見ることができます。お参りのあとは、隣接する大宮公園を散策するのもおすすめ。

神社・周辺情報

一の鳥居からまっすぐに続く美しい参道は、ぜひ歩いてもらいたいスポット。色鮮やかな楼門をくぐって、拝殿へと進みます。楼門左手にある「蛇の池」は氷川神社発祥の地ともいわれ、今なおこんこんと水が湧き出ています。

諸願成就

千葉県

［富里市］

香《か》取《とり》神《じん》社《じゃ》

富里産のすいかのように大きく願いを実らせて。

香取神社が鎮座する千葉県富里市は、全国的にも有名なすいかの名産地。昭和8年からすいかの栽培が始まり、全国にその名が知られるようになりました。

香取神社の授与品は、すいかをはじめとした農作物をモチーフとしたデザインで有名です。なかでもひときわ目立つのが「西瓜絵馬」。「願いを実らせる」ご利益があり、いろいろな願い事をすることができます。そして、西瓜絵馬の絵馬掛けはなんと、ビニールハウス製！「願いのトンネル」と呼ばれる奉納所で、願い事を大事に育てていただけます。

自慢したくなる「西瓜御守」

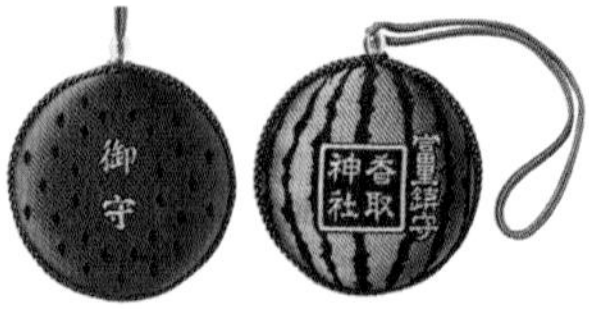

赤と緑のすいかカラーがなんともかわいいお守り。給水所ならぬ「給スイカ所」があることで知られている「富里スイカロードレース」では、すいすい快走できるよう、お守りを求めるランナーが多いそうです。

神社・周辺情報

香取神社は木々に囲まれた静かな場所にあります。御祭神は経津主大神（ふつぬしのおおかみ）。「勝運」のご神徳をおもちの神様です。また、平和・外交の祖神として、交通安全や災難除けの神様としても信仰されています。

住所　千葉県富里市高松101
授与時間　9:00〜16:00
交通　東関東自動車道酒々井ICより車で10分
電話　0476-94-0633

郵送での授与可

公式HPから

諸願成就

千葉県

［旭市］

海《わだ》津《つ》見《み》神《じん》社《じゃ》

海が荒れることを伝えた
不思議な石笛。

海津見神社がある千葉県旭市飯岡地区には、天《あま》の石笛《いわぶえ》の民話が伝わっています。「天の石笛」とは、この地域の浜辺に打ち上げられた穴があいた石のこと。強い風が吹くと、石が音を鳴らし、海が荒れることを漁師に知らせたというお話です。

この地域は、東日本大震災で津波の被害を受けました。復興への思いを込めて作られたのが、焼き物でできた天の石笛絵馬です。仕事運、金運、恋愛運など、願い事に合わせて色を選ぶことができます。石笛絵馬は地元の方たちが地元の土を使って、製作しているのだそう。石笛の里プロジェクトの方が運営する海音窯と、海津見神社の兼務社である玉﨑神社で頒布していただけます。

住所 千葉県旭市下永井53
授与時間 下記頒布所に問い合わせを
交通 JR飯岡駅下車、バス停「下永井」から徒歩10分
●絵馬頒布所
玉﨑神社
（千葉県旭市飯岡2126-1）
海音窯
（千葉県旭市下永井784）
●問い合わせ
石笛の里プロジェクト
0479-57-5291

石笛をめぐる旅へ

石笛絵馬は、玉﨑神社と海音窯で頒布していただけます。おすすめは、玉﨑神社から海津見神社まで、絵馬を持って飯岡の町を散策するコース。玉﨑神社では巨大霊石「天の石笛」が、海音窯では実物の天の石笛を見ることができます。

神社・周辺情報

「永井の妙見様」の名でも知られる海津見神社の御祭神は、海神（わだつみ）の娘である豊玉姫。海津見神社は飯岡漁港から歩いてすぐ、少し高台にある無人の神社です。その昔、海にたどり着いた石笛が数多く奉納されていたそうです。

諸願成就

東京都

［台東区］

待《まつ》乳《ち》山《やま》聖《しょう》天《でん》

ご利益たっぷりの
大根と巾着の絵馬守り。

歌川広重の浮世絵にも登場する待乳山聖天は、江戸の名所のひとつでもありました。ここで授与していただけるのは、大根と巾着が描かれたふたつの絵馬。とても小さな絵馬で、お守りとして身につけるものです。

大根と巾着は聖天様のご利益のシンボル。大根は心身を丈夫にし、良縁を成就し、夫婦仲良く末永く一家の和合のご加護を表します。巾着は財宝を表し、商売繁盛、金運、財運のご利益があるとされます。

待乳山聖天はお供え用の大根があることでも有名です。本堂右手に「お下がり大根」があるときは、お供えされた大根をいただいて帰ることもできます。

住所	東京都台東区浅草7-4-1
授与時間	6:00〜16:00
交通	各線浅草駅から徒歩10分
電話	03-3874-2030

今戸焼の貯金箱

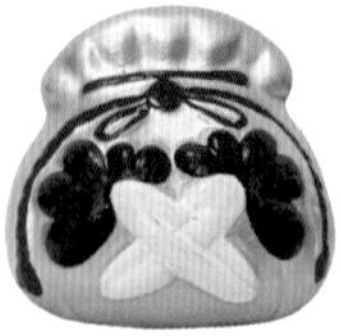

黄金色の巾着に大根が描かれた貯金箱の授与品です。古くからこの地方に伝わる今戸焼で作られています。昔ながらのこの貯金箱には、お金の出し口がありません。真ん中に筋目がついていて、叩くとパカッと割れるのだそうです。

寺院・周辺情報

毎年１月７日には「大根まつり」がおこなわれ、元旦からお供えされた大根をふろふきにして、参拝者に振る舞うのだそう。お下がりの大根をいただくことによって、聖天様のお徳を頂戴できるとはなんともありがたいお話ですね。

諸願成就

東京都

［台東区］

浅草《あさくさ》神社《じんじゃ》 被官稲荷神社《ひかんいなりじんじゃ》

住所	東京都台東区浅草2-3-1
授与時間	10:00～15:00(平日) 9:00～16:00(土日祝)
交通	各線浅草駅から徒歩7分
電話	03-3844-1575

銀杏の葉っぱの絵馬に
コンコンかわいいおきつね様が。

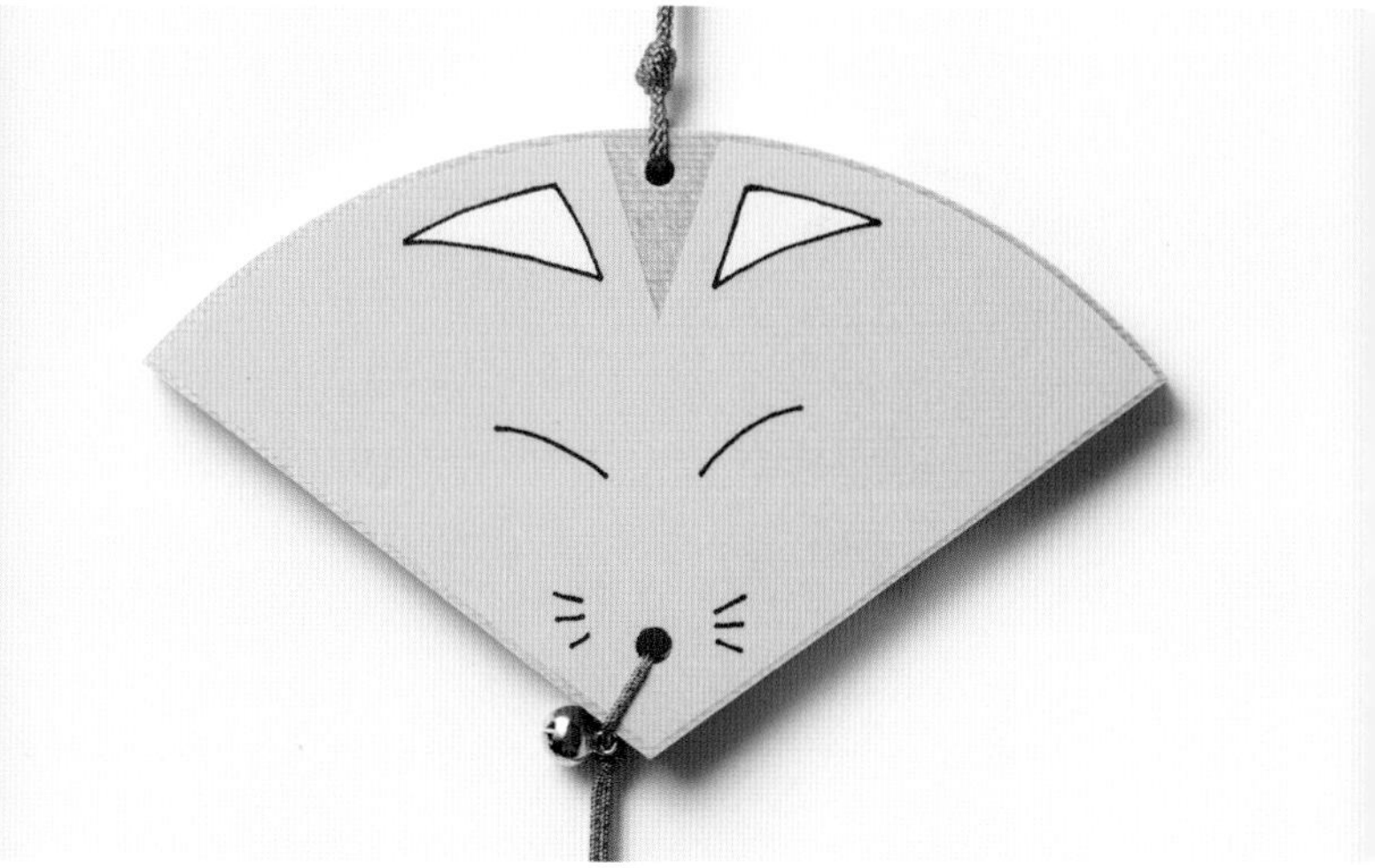

三社祭で有名な浅草神社には、被官稲荷神社という稲荷社があります。時は安政元年、江戸火消しの名親分、新門辰五郎《しんもんたつごろう》の妻が病に伏してしまいます。そこで京都の伏見稲荷神社（現・伏見稲荷大社）に祈願したところ、病気が全快したのだそう。翌年、町の人がお礼の意味を込めて、伏見稲荷神社からこの地に勧請したのが、被官稲荷神社のはじまりです。被官とは、官を被《こうむ》るということから、就職・出世と解されるそう。

こちらの「銀杏絵馬」は心願成就の絵馬。銀杏の葉っぱが神様のお使いであるきつねの顔になっています。お鼻のところに鈴が付いていて、絵馬掛けの絵馬が風に吹かれると、チリンチリンとかわいい音がします。

白いきつねのお守り

心願成就の白狐（びゃっこ）のお守りは人気のお守りです。稲荷神社の絵馬やお守りは浅草神社の授与所で授けていただけます。被官稲荷神社の社務所は、毎月1日と15日、正月期間、初午、3月18日例大祭のみ開かれています。

神社・周辺情報

被官稲荷神社の正面の鳥居は、辰五郎親分によって奉納されたもの。親分の心意気が感じられますね。安政2年に創建されたお社は、関東大震災や東京大空襲にも奇跡的に焼け残ったたいへん貴重な建築物としても知られます。

諸願成就

東京都

［中央区］

水《すい》天《てん》宮《ぐう》

赤い絵馬は戌の日限定！
かわいい親子犬に願い事を。

東京・日本橋にある水天宮は、安産祈願で有名な神社。除災招福の縁起物である「福絵馬」には、犬の親子が描かれています。古くから犬は安産の守り神でもあり、仲睦まじい姿は子孫繁栄を表しています。

赤い絵馬は戌の日にのみ授与される絵馬。戌の日は妊婦に縁起のよい日とされ、妊娠5カ月目の戌の日を目安に、お腹に帯を巻いて安産を願う「帯祝い」の風習があります。水天宮の安産信仰は、帯祝いの「御子守帯」からはじまったとされます。

福絵馬には安産、子授け、家内安全など、いろいろな願い事ができます。願い事を書いて家に飾り、願いが叶ったら神札所にお返ししましょう。

安産祈願の絵馬

ずばり安産を祈願したいときは、こちらの絵馬を。中央には福犬が描かれています。福犬はお産が軽く多産である犬にあやかった縁起物です。「子宝丸熊手」や「子宝丸せんべい」など、安産子育ての愛らしい授与品が多いのも水天宮の魅力です。

神社・周辺情報

境内には子犬をやさしく見つめる「子宝いぬ」の像があり、像のまわりにある十二支のうち、自分の干支をなでるとご利益があるのだそう。なお、戌の日は安産祈願で混雑が予想されるそうなので、ご注意ください。

住 所	東京都中央区日本橋蛎殻町2-4-1
授与時間	8:00～17:00
交 通	地下鉄水天宮前駅から徒歩１分

諸願成就

東京都

［品川区］

蛇《へび》窪《くぼ》神《じん》社《じゃ》

白蛇と社紋が記された美しいデザインの絵馬。

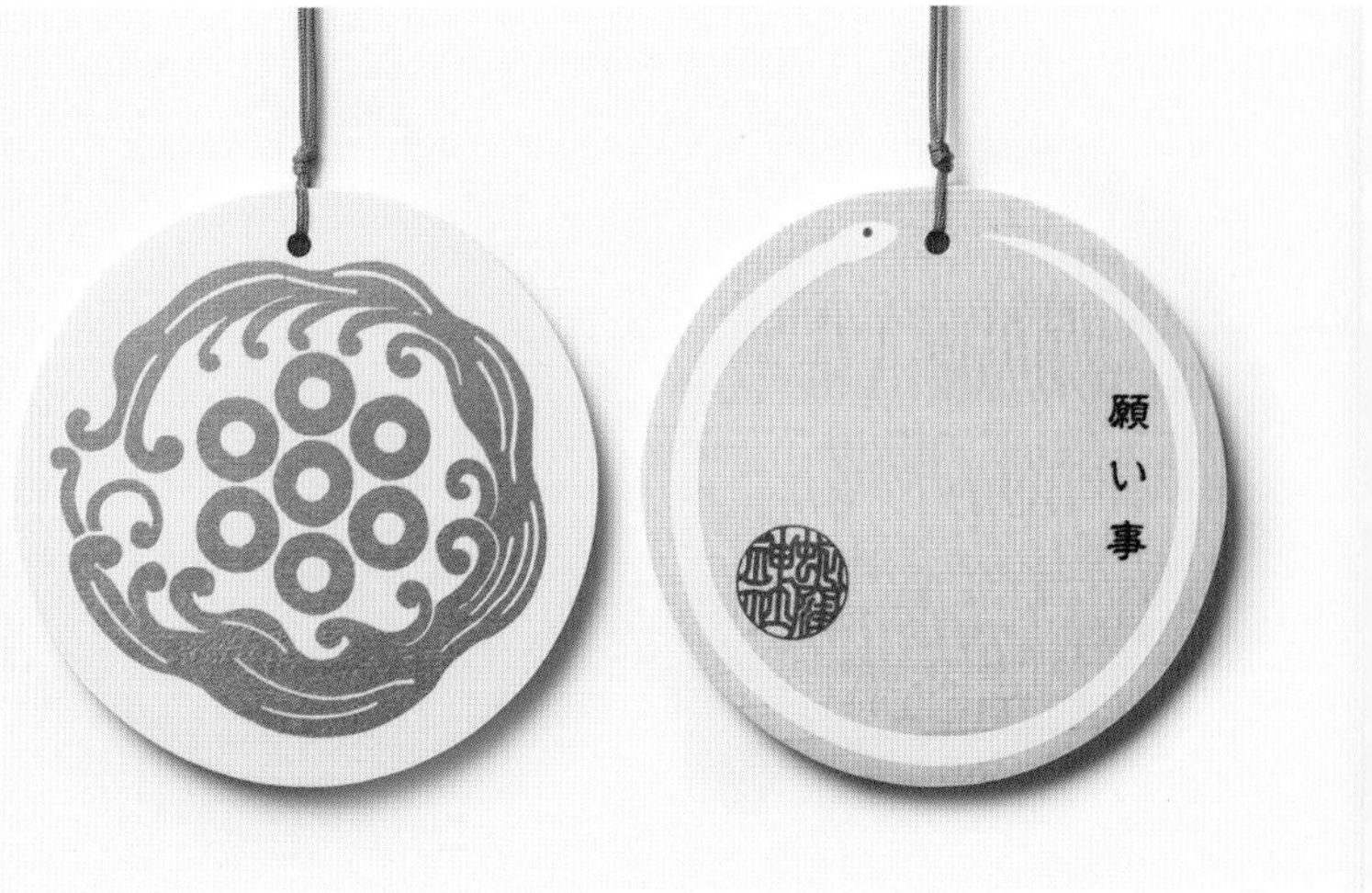

蛇窪神社の白蛇絵馬には、願い事を書く面に白蛇が、その裏側には社紋である「雨竜」と「七つ蛇の目」が記されています。竜と蛇にはふたつの伝説があります。

その昔、武蔵国一帯が大旱魃《かんばつ》に見舞われたとき、お坊さんが龍神社に雨乞いの断食祈願をしました。その願いは叶い、龍神様に感謝した人々によって勧請されたのが、蛇窪神社の縁起と伝わります。

もうひとつは白蛇の伝説。かつて神社の湧水地に住んでいた白蛇が、「もとの住みかに戻してほしい」と土地の者の夢枕に立ちました。それを聞いた宮司さんは、神社に辨財天《べんざいてん》を建立し、石祠《せきし》を造って白蛇をお祀りすることにしたそうです。

住所　東京都品川区二葉4-4-12
授与時間　9:00〜17:00
交通　各線中延駅から徒歩6分
電話　03-3782-1711

郵送での授与可
公式HPから

白蛇のおみくじ

このかわいらしい蛇は、巳の日限定で授与される「巳（み）くじ」というおみくじです。底にあるシールをはがすとおみくじが出てきます。もしも凶を引いてしまっても大丈夫。身代わりに「巳守」を無料で授けていただけるそうです。

神社・周辺情報

境内にある辨天池には、白蛇辨財天社がお祀りされています。お社の前にあるのは、二体の白蛇の像。白蛇は白龍になって滝を昇るといわれ、龍神様が守る「龍神の玉」を、辨天池の白蛇清水が清めているといわれています。

諸願成就

東京都

［杉並区］

阿《あ》佐《さ》ヶ《が》谷《や》神《しん》明《めい》宮《ぐう》

夜空を照らす三日月と
爽やかな青い波しぶき。

　JR阿佐ヶ谷駅からほど近い境内に、3000坪もの森が広がる阿佐ヶ谷神明宮。都会の喧騒をしばし忘れて、清々しい気持ちになれる神社です。本殿には御祭神の天照大御《あまてらすおおみ》神《かみ》が、左右の摂社には月読尊《つくよみのみこと》と須佐男尊《すさのおのみこと》がお祀りされています。

　この神社には、月の形をした「月絵馬」と波が描かれた「波絵馬」があります。月読尊が夜を司る神様であり、須佐男尊が海を司る神様であることが由来だそうです。月絵馬の裏側には「月が満ちるように願いが叶いますように」、波絵馬の裏側には「待てば海路《かいろ》の日和《ひより》あり　天運をいただき　願いが叶いますように」とあります。願い事のニュアンスによって絵馬を選ぶのもいいですね。

ブレスレットタイプの神むすび

「神（かん）むすび」は、手首やかばんなどにつけるレース素材のお守りです。神明宮の巫女さんが最終縫製をされているのだそう。写真の神むすび「月読尊」は、月があしらわれたデザイン。色とデザインはたくさんの種類から選べます。

神社・周辺情報

神明宮は全国で唯一「八難除（はちなんよけ）」をおこなっています。八難除とは、現世の災難厄事すべてを取り除くご祈祷です。また、骨董市や植木市、阿佐ヶ谷ジャズストリートの会場になるなど、地域との結びつきが強い神社です。

住所	東京都杉並区阿佐谷北1-25-5
授与時間	9:00～17:00
交通	JR阿佐ヶ谷駅から徒歩2分
電話	03-3330-4824

諸願成就

東京都

［大田区］

多《た》摩《ま》川《がわ》浅《せん》間《げん》神《じん》社《じゃ》

住所	東京都大田区田園調布1-55-12
授与時間	10:00〜15:00
交通	各線多摩川駅から徒歩2分
電話	03-3721-4050

神事で使われた神聖な盃に願い事を託します。

安産祈願で多くの人が訪れる多摩川浅間神社。御祭神は木花咲耶姫命《このはなさくやひめのみこと》です。家庭円満、安産、子安の神様で、火難除け、安産、海上安全、農業や織物業の守護神ともされています。

多摩川浅間神社の絵馬掛けには、小さなお皿のような絵馬がかけられています。「盃の絵馬」といって、「盃」は「かわらけ」と読みます。かわらけとは、お神酒を注ぐ盃のこと。ご祈祷（車祓い、安産、初宮、七五三を除く）の最後に、直会《なおらい》のお神酒をこの盃でいただき、使った盃は「盃の絵馬」として授与していただけます。直会とは神様にお供えしたお酒や食べ物を参加者でいただくことです。盃の絵馬は家に持ち帰ってもよいそうです。

ゴジラの難も逃れた神社

境内にある見晴台は、映画『シン・ゴジラ』に登場しています。劇中、東京は散々な目に合いましたが、ここはゴジラの破壊から逃れました。「災害から守られる」神社と注目され、「ゴジラ絵馬＆お守りセット」が記念頒布されています。

神社・周辺情報

多摩川浅間神社は丘の上にあります。階段を登ると、色鮮やかな社殿が真正面に現れます。この社殿は浅間づくりといって、都内では唯一のものだそう。コロナの影響を受け、現在は直会を中止していますが、盃は授与していただけます。

上岡観音《かみおかかんのん》の絵馬市～後編～

COLUMN

上岡観音の絵馬市は江戸時代からはじまり、戦時中は下火になったものの、昭和29年頃に隆盛を極めます。20万人もの人が参拝に訪れ、参道や境内には100もの露店がひしめき合ったそう。なんと、トラクターの絵馬も登場し、絵馬市で農機具を販売する業者が現れるほどのにぎわいぶり。

けれども、農業の機械化や自動車の普及が進むに連れ、馬や牛は人々の家からいなくなってしまいました。絵馬を求める農家の数は急速に減っていき、昭和63年の絵馬市を最後に、絵馬講《えまこう》(絵馬を作って売る組織)は解散してしまうのです。このままでは絵馬市の伝統が途絶えてしまう……。

そこで立ち上がったのが、根岸成直《まさなお》さんです。根岸さんの家は、代々絵馬講の元締めを務めてこられました。根岸さんはボランティアで保存会を立ち上げ、元絵馬講の方や絵馬師さんたちの協力を得て、今の絵馬市につなげています。絵馬市が国の選択無形民俗文化財に指定されたことも、根岸さんを後押ししました。

ところが令和3年、再びピンチが訪れます。絵馬市はコロナ禍の影響で、初めて赤字が出てしまったのだそう。売れ残った絵馬を広げながら、根岸さんは残念そうに笑います。この愛しい絵馬たちが、絵馬市の伝統とともに受け継がれていくことを願ってやみません。

毎月19日の縁日には、境内にある馬場に馬たちがやってきます。写真は根岸さんが撮影。

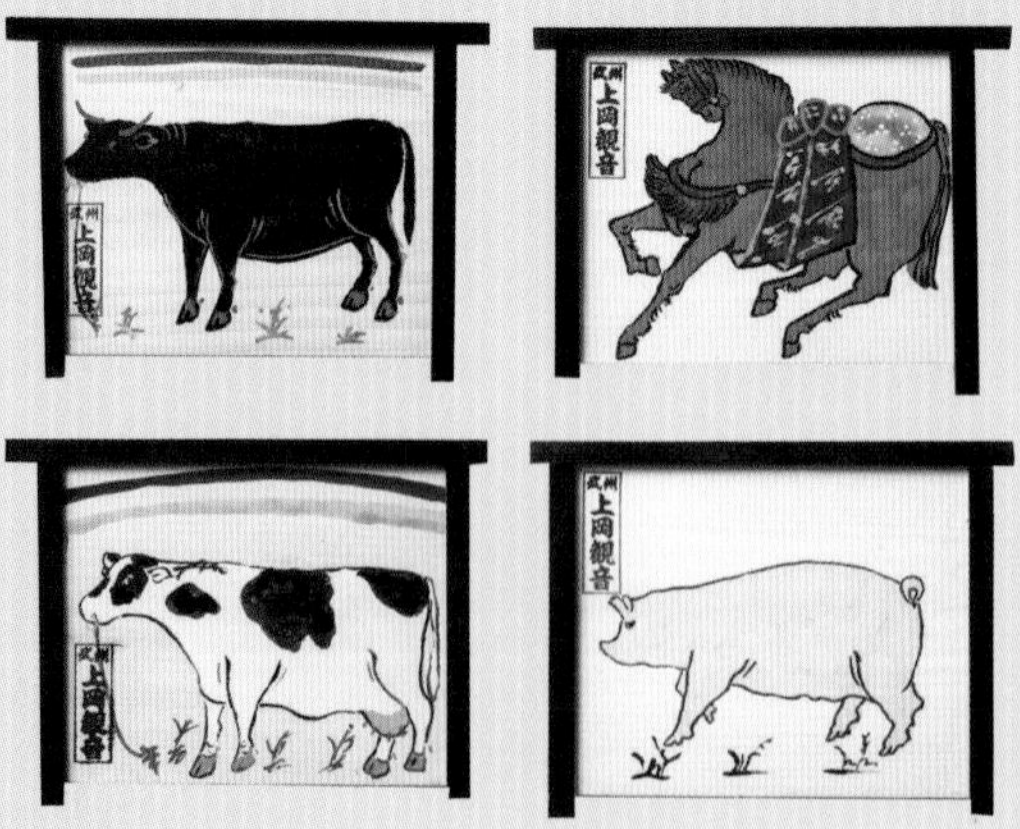

馬のほかにも、豚や牛の絵馬もあります。牛の絵馬は戦後、牛を飼う農家からのリクエストで作られるようになったそう。その後、豚とうさぎの絵馬も作られましたが、現在残っているのは豚のみ。うさぎの絵馬がどんなのだったか気になります！

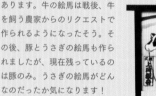

諸願成就

神奈川県

[鎌倉市]

鶴《つるが》岡《おか》八《はち》幡《まん》宮《ぐう》

住所	神奈川県鎌倉市雪ノ下2-1-31
授与時間	8:30〜16:30
交通	JR鎌倉駅・江ノ電鎌倉駅から徒歩10分
電話	0467-22-0315

すくすく伸びる若木のように 神様のもとへ願いが届きますように。

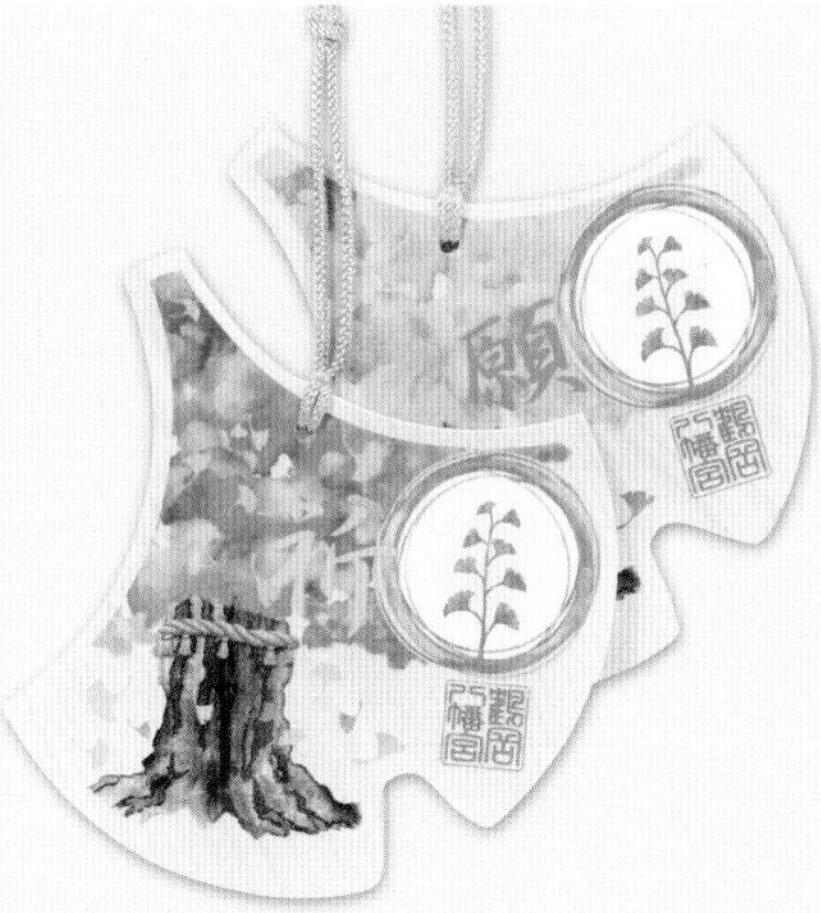

鶴岡八幡宮には神奈川県の天然記念物でもあった、御神木の大銀杏がありました。本殿へと続く大石段の西にあり、鎌倉のシンボルのひとつとなっていましたが、平成22年3月に倒伏。大銀杏が再生することを願い、倒伏した際に残った根は保全されました。するとその後、根からひこばえが芽吹き、移植した親木からも萌芽したのだそうです。

子銀杏が空に向かって力強く伸びるように、願い事が神様に届くよう祈願し奉製されたのが、この「大いちょう絵馬」です。子銀杏が無事に育って、末永く私たちを見守ってくれることを願いたいですね。

八幡様の参拝土産

絵馬やお守りを選ぶのは、お参りのあとのお楽しみ。こちらは丑年にちなみ赤べこが描かれた絵馬。八幡様のお使いである白い鳩がモチーフになった、お守りやおみくじも人気です。お守りを入れてもらう紙袋もかわいいデザインですよ。

神社・周辺情報

古都・鎌倉の観光名所でもある鶴岡八幡宮。広大な敷地には名所や文化施設もあり、ゆっくりお参りするのがおすすめです。源平池の東側には神苑ぼたん庭園があり、見頃の1〜2月と4〜5月に開園します（ぼたん庭園は入場料が必要）。

諸願成就

神奈川県

[鎌倉市]

長《は》谷《せ》寺《でら》

「かきがら」の絵馬には
不思議な伝説があります。

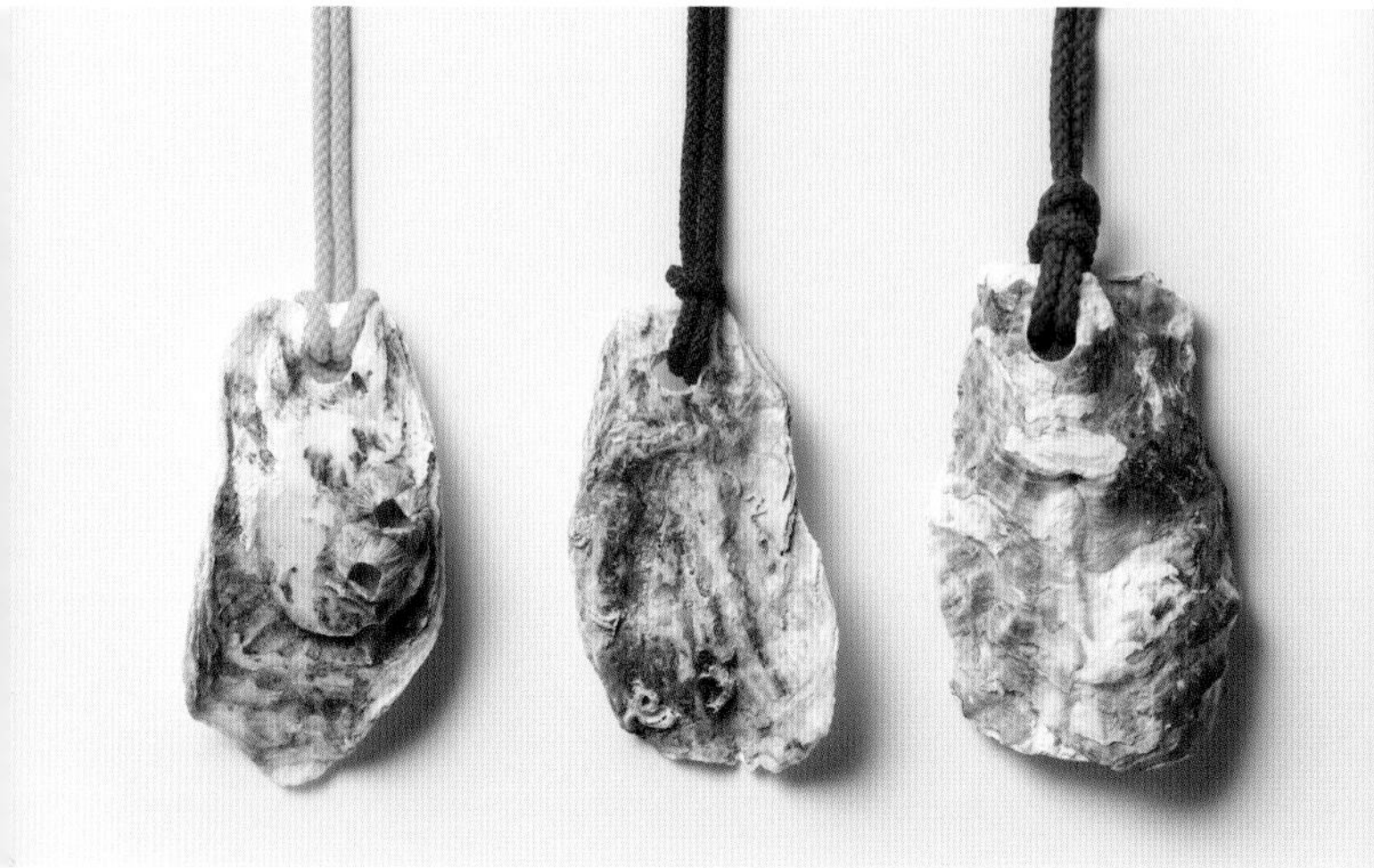

鎌倉有数の古刹である長谷寺。境内にはかきがら稲荷と呼ばれる稲荷社があります。「かきがら」とは、牡蠣の殻。かきがら稲荷の絵馬掛けには、たくさんのかきがら絵馬が奉納されています。

縁起によると、大和国(現・奈良県)の長谷寺の開祖である徳道《とくどう》上人の願いによって、巨大な楠《くすのき》の霊木から二体の観音像が造られました。一体は大和長谷寺の御本尊となり、もう一体は衆生済度《しゅじょうさいど》の願いを込めて、海に奉じられました。海に漂う観音像は、お体に付着した「かきがら」の導きで、この地に流れ着いたと伝えられています。そのかきがらをお祀りしたのが、かきがら稲荷。観音様を導いたかきがらが、絵馬となりました。

心が和むお地蔵様の絵馬

こちらはお地蔵様が描かれた開運の絵馬。長谷寺の境内には、にこやかなお顔をしたお地蔵様があちこちにおられることでも知られます。三体並んだ「良縁地蔵」が境内のどこかに3カ所あるそうで、探してみるのも楽しいです。

寺院・周辺情報

四季を通じて花で彩られる長谷寺は「鎌倉の西方極楽浄土」と呼ばれ、「花の御寺」とも称されます。「あじさい路」とも呼ばれる眺望散策路には2500株ものアジサイが植えられていて、5月下旬から7月上旬にかけて見頃となります。

住所 神奈川県鎌倉市長谷3-11-2
授与時間 8:00～17:00（3月～9月）8:00～16:30（10月～2月）
交通 江ノ電長谷駅から徒歩5分
電話 0467-22-6300
●参拝には拝観料が必要

諸願成就

山梨県

［甲府市］

武《たけ》田《だ》神《じん》社《じゃ》

信玄公にあやかって強い自分になれますように。

甲斐国の総鎮護、武田神社は武田信玄公を御祭神としてお祀りする神社です。武田神社のご利益といえば、まず挙げられるのが「勝運」。勝負事にかぎらず、「人生そのものに勝つ」「自分自身に克つ」ことに、ご利益があるとされます。

こちらの絵馬に描かれているのは、川中島の合戦の名場面。宿命のライバルである上杉謙信公が馬上から斬りつけると、信玄公は軍配でその太刀を防いだという伝説があります。この絵馬は武田氏の家紋である「武田菱《たけだびし》」の形をしていて、武田菱は神社の社紋ともなっています。勝ちにいきたいときはもちろん、いろんな願い事ができる諸願成就の絵馬です。

住所　山梨県甲府市古府中町2611
授与時間　9:00～16:00
交通　JR甲府駅からバス10分
電話　055-252-2609

金運を呼ぶ「三葉の松」

石段の近くにある「三葉の松」は、高野山の松が信玄公を慕って種を飛ばしたものと伝わります。黄金色になって落葉することから金運のご利益が、また松には延命長寿のご利益もあることから、落ちた松葉を持ち帰る人が多いそうです。

神社・周辺情報

武田神社は信玄公が本拠地とした躑躅ヶ崎館（つつじがさきやかた）跡に建てられた神社で、国の史跡に指定されています。館跡にはいくつかの古井戸があり、なかでも「姫の井戸」は信玄公のご息女誕生の際に産湯に使用されたと伝わります。

諸願成就

長野県

［長野市］

戸《と》隠《がくし》神《じん》社《じゃ》

戸隠神社五社のなかで
最古の歴史をもつ九頭龍社の絵馬。

平安時代末、戸隠神社は修験道の道場として都まで知られた霊場でした。戸隠山のふもとに鎮座し、奥社・中社・宝光社・九頭龍《くずりゅう》社・火之御子《ひのみこ》社の五社からなりたっています。御祭神は「天の岩戸開き」に功績のあった神々を中心にお祀りしています。

この絵馬に描かれているのは、九頭龍大神《くずりゅうのおおかみ》。九頭龍社の御祭神である岩戸開きのヒーロー、天手力雄命《あめのたぢからおのみこと》が奉斎される前から、この地の地主神として信仰を集めていた神様です。古くから、水の神、雨乞いの神、虫歯の神、縁結びの神とされてきました。奥社と九頭龍社へのアクセスは徒歩のみ。古《いにしえ》の修験者に思いを馳せながら、足腰を鍛えてみてはいかがでしょうか。

復活した天井龍絵の絵馬

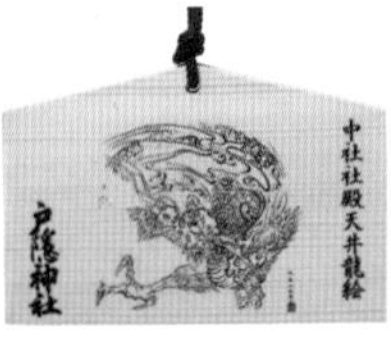

狩野派の天才絵師・河鍋暁斎（かわなべきょうさい）による中社社殿天井絵の絵馬。天井絵は昭和17年に不慮の火災で焼失してしまいましたが、1枚の絵葉書をもとに最新のデジタル技術で復元され、開運の絵馬となりました。

神社・周辺情報

2000年を超える歴史がある戸隠神社。パワースポットとしても注目を集めています。ここに訪れるのなら、五社すべてお参りしたいもの。奥社参道にある日本最大級の杉並木は必見です。近隣には参拝者向けの宿坊もあります。

住所	長野県長野市戸隠中社3506（中社社務所）
授与時間	9:00～17:00（冬期は変更あり）
交通	各線長野駅から路線バス1時間
電話	026-254-2001

諸願成就

長野県

［上田市］

眞《さな》田《だ》神《じん》社《じゃ》

あの六文銭が絵馬に！
真田幸村公ゆかりの神社の絵馬。

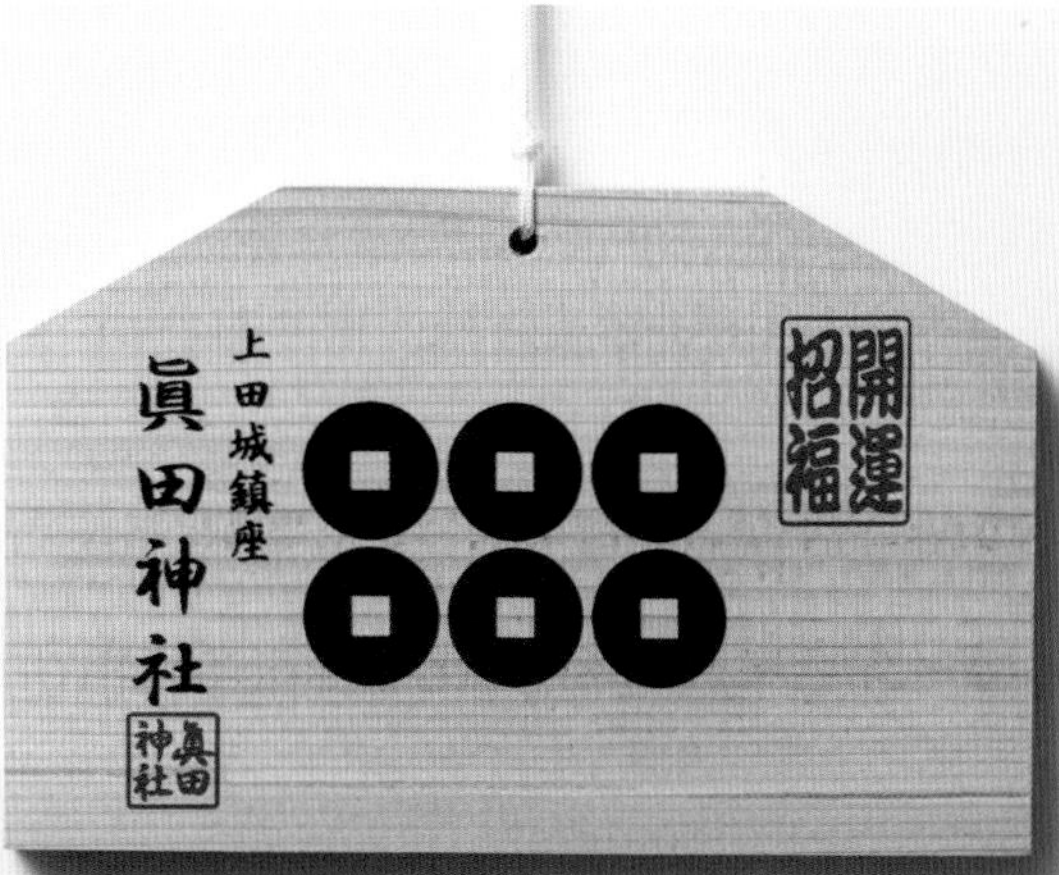

真田家の家紋としてあまりにも有名な六文銭。家紋となったいきさつは諸説ありますが、六文銭は三途の川の渡し賃。決死の覚悟で戦う武士にとって、ふさわしい旗印でありました。この六文銭が記された開運招福の絵馬は、全国の真田ファン垂涎の絵馬となっています。

眞田神社は、真田氏、仙石氏、松平氏と、歴代の上田城主を御祭神としています。上田城は真田幸村公の父、真田昌幸公によって築城され、徳川軍を二度にわたり撃退した難攻不落の城。この上田城本丸跡に、眞田神社がご鎮座しています。戦国時代をずば抜けた武略をもって駆け抜けた真田親子。その知恵と勝運にあやかりたいものです。

住所	長野県上田市二の丸1-12（上田城跡公園内）
授与時間	9:00〜16:00（季節によって変更あり）
交通	JR上田駅から徒歩10分
電話	0268-22-7302

天下無双の赤備え

こちらは赤備え兜が描かれた必勝祈願の絵馬。上田城が不落の城であることから、合格を祈願する人が多いそう。眞田神社の授与品は非常にかっこいいデザインが多いです。公式HPでも見ることができるので、ぜひご覧くださいませ。

神社・周辺情報

眞田神社は真田家ゆかりの名所があることでも人気です。令和２年には境内に「青年真田幸村（信繁）公之像」が建立されました。城北の砦に通じる抜け穴があったとされる真田井戸や、巨大な赤備え兜のモニュメントも人気のスポットです。

諸願成就

静岡県

[富士宮市]

富《ふ》士《じ》山《さん》本《ほん》宮《ぐう》浅《せん》間《げん》大《たい》社《しゃ》

富士山、波、太陽。
お土産に持ち帰りたくなる絵馬。

全国にある１３００余の浅間神社の総本宮と称される、富士山本宮浅間大社。御神体を富士山とする富士山信仰の聖地でもあります。平成25年には、富士山世界文化遺産の構成資産として登録されました。

浅間大社の絵馬には、美しい富士山と駿河湾の波、そして真っ赤な太陽が描かれています。凛とした絵画のようなデザインが魅力です。日本一の富士山の絵馬ですから、願い事や目標も理想高くかかげたいものですね。社伝によると、その昔、富士山の噴火によって国中が荒れ果ててしまい、時の天皇が浅間大神をこの地にお祀りして、山霊を鎮められたのだそうです。平穏な日々を願う気持ちは今も昔も変わりません。

楽しい咲良みくじ

「咲良みくじ」を湧玉池（わくたまいけ）の水屋神社前の流水にひたすと、言葉が浮かびあがります。これだけでもテンションが上がりますが、乾いたおみくじを蛇腹折りにして、おみくじ掛けに結ぶと富士山の形に！　色はピンクとブルーの２種。

神社・周辺情報

主祭神である木花之佐久夜毘売命（このはなのさくやひめのみこと）のご神名から、桜が御神木とされています。境内に植えられた桜の木はなんと約500本。また、奥宮は富士山の山頂にあり、富士山８合目以上が境内地となっています。

住所　静岡県富士宮市宮町1-1
授与時間　8:30～16:30
交通　JR富士宮駅から徒歩10分
電話　0544-27-2002

諸願成就

愛知県

［豊田市］

猿《さ》投《なげ》神《じん》社《じゃ》

黒い鎌に社紋の三つ巴。
歴史ロマンあふれる絵馬。

猿投山のふもとにある猿投神社には、古くから「左鎌《ひだりがま》」の絵馬が奉納されています。鎌の絵馬はほかの社寺にも見られますが、左鎌なのはここだけです。

　猿投神社の主祭神は大碓命《おおうすのみこと》。小碓《おうすの》命《みこと》（日本武尊《やまとたけるのみこと》）の双子の兄にあたり、この地の開拓に尽力したと伝わります。左利きであった大碓命が、左鎌を使って開拓してくださったことへの感謝の気持ちが、この絵馬の起こりではないかといわれています。

　猿投神社のある豊田市は、全産業に占める自動車産業の割合が非常に高い町でもありますが、絵馬掛けには、自動車関係のみならず、多くの企業から奉納された左鎌の絵馬が見られます。

住所	愛知県豊田市猿投町大城5
授与時間	9:00～16:30
交通	名鉄豊田市駅からバス30分
電話	0565-45-1917

絵馬掛けと「棒の手」

左鎌の絵馬がびっしりかけられた絵馬掛けは必見。木でできた絵馬のほかにも、鎌の形をした黒い金属製のものもあり、独特な雰囲気を醸しています。毎年10月には猿投まつりがおこなわれ、伝統武芸である「棒の手」が奉納されます。

神社・周辺情報

「猿投」の由来は、景行天皇が伊勢に行幸した際、かわいがっていた猿がいたずらするので海に投げ込んだところ、猿が逃げてこの山に住むようになったという説話から。山頂には奥宮である西宮と東宮があり、秋には紅葉が楽しめます。

諸願成就

愛知県

[名古屋市]

熱《あつ》田《た》神《じん》宮《ぐう》

愛する人のもとへ飛び立った白鳥《しろとり》。神話の世界に思いを馳せて。

「熱田さん」の呼び名で親しまれている熱田神宮は、三種の神器のひとつ、草薙神剣《くさなぎのみつるぎ》をお祀りする神社です。

日本武尊《やまとたけるのみこと》が東国からの帰途、尾張国の宮簀媛命《みやすひめのみこと》をお妃とされました。けれども、草薙神剣を妃のもとに預けたまま、お亡くなりになってしまいます。妃が日本武尊のご意志を重んじ、神剣をこの地に祀られたのが、熱田神宮の起こりだそうです。

日本武尊が亡くなられたとき、白《しろ》鳥《とり》となって空へ飛び立ち、妃のいる熱田の地に降り立ったという伝説があります。「しろ鳥」の絵馬は、この白鳥伝説に由来するもの。絵馬に描かれた美しい白鳥が、大空に羽ばたいて大切な願いを運んでくれることでしょう。

学問の神様に合格祈願

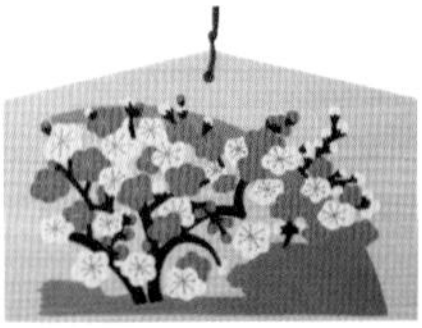

熱田神宮には、菅原道真公をお祀りした菅原社があります。道真公といえば、学問の神様。梅を愛したことでも知られます。菅原社の前には、合格を祈ったたくさんの梅の絵馬が奉納されています。

神社・周辺情報

境内には本宮、別宮、摂社、末社合わせて二十九もの社がお祀りされています。境内北東の清水社の奥にある「お清水さま」と呼ばれる湧き水には、目や肌がきれいになるという信仰があります。

住所	愛知県名古屋市熱田区神宮1-1-1
授与時間	7:00～日没頃
交通	名鉄神宮前駅から徒歩3分
電話	052-671-4151

諸願成就

愛知県

［新城市］

鳳《ほう》来《らい》寺《じ》

本物の鏡が付いた「鏡絵馬」が仏様に願いを届けてくれます。

奥三河にある鳳来寺は、日本随一の薬師霊場。古くから山岳修験の山として信仰を集めてきました。子授けのご利益でも知られ、徳川家康の父、松平広忠が子授け祈願をしたところ、めでたく家康を授かったといわれています。

鳳来寺の御本尊は薬師如来。鏡は薬師如来の徳を表し、平安時代の初期から、鏡（銅鏡）を奉納する信仰がありました。鏡を奉納することで、罪障を消し、鏡を通じて願いを仏様に伝えることができると信じられてきました。

現在は、鏡の付いた「鏡絵馬」を奉納し、仏様に願い事をします。願い事はさまざまですが、特に子授け祈願をする人が多いそうです。

住所	愛知県新城市門谷字鳳来寺1
授与時間	8:00～18:00
交通	JR本長篠駅下車、バス停「鳳来寺」から徒歩60分／新東名高速道路新城ICから車で30分、駐車場から徒歩10分
電話	0536-35-1004

郵送での授与可

電話で問い合わせを

豊かな自然に囲まれて

鳳来寺山は自然の宝庫でもあり、「声の仏法僧」とも呼ばれるコノハズクが棲息していることでも知られます。秋の紅葉もすばらしく、登山コースとしても人気。鳳来寺の近くにある鳳来山東照宮のお守り「寅童子」もかわいいですよ。

寺院・周辺情報

車で本堂近くまで行くことができますが、バス停のあるふもとから参道を歩いてお参りするのも一興。1425段もあるといわれる表参道の石段を登り、仁王門をくぐると、樹高60メートル、推定樹齢800年という「傘杉」が見られます。

諸願成就

三重県

［桑名市］

多度大社《たどたいしゃ》

全長はなんと62センチ！
馬との関わりが深い多度大社の絵馬。

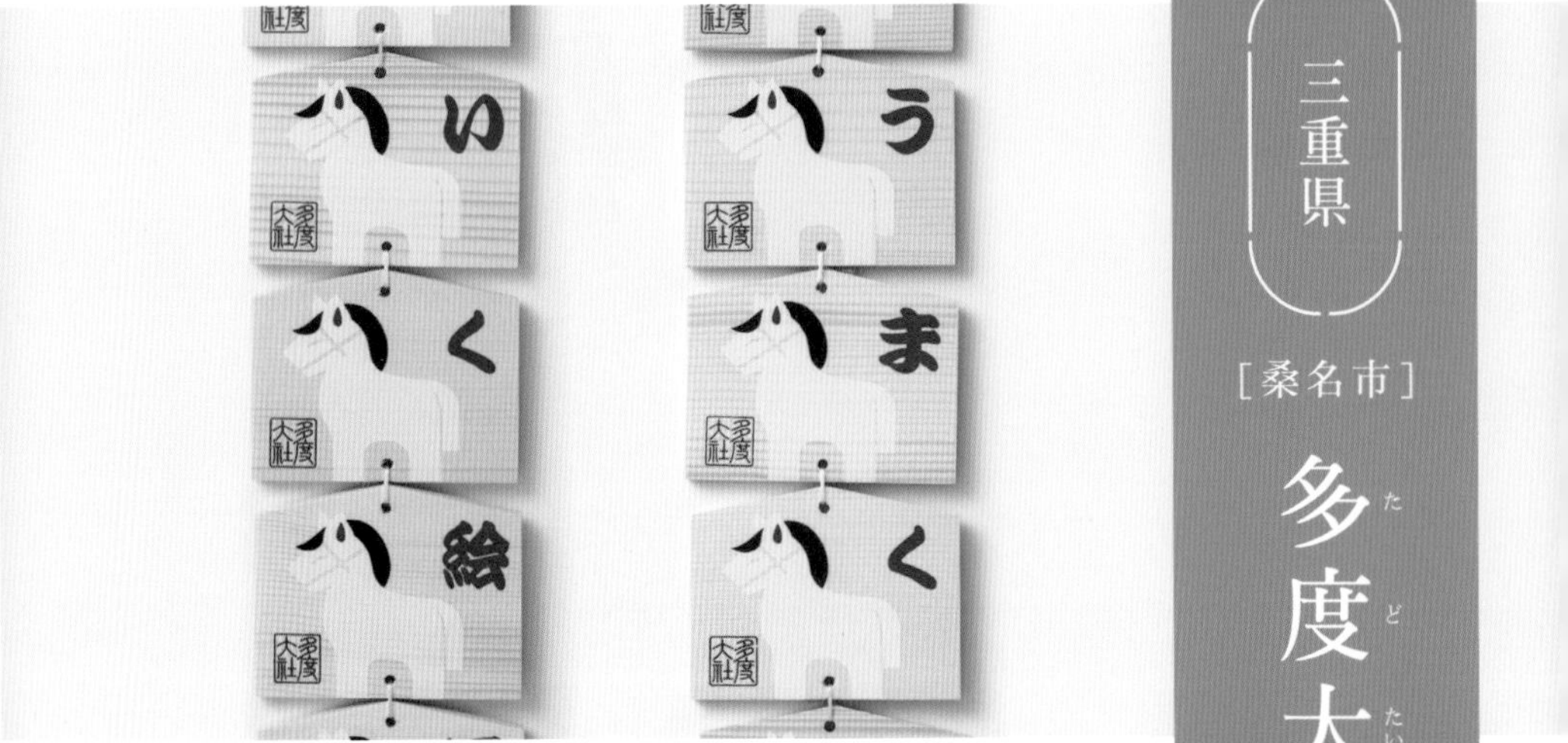

9つの絵馬が連なった「うまくいく絵馬」。古くから、馬が9頭で「馬九行く（うまくいく）」などとされ、縁起がよいものとされてきました。多度大社には1500年前から白馬《しろうま》が棲むという「白馬伝説」があります。白馬は神様のお使いであり、人々の願いを神様のもとへ届け、幸せや出会い、喜びを乗せて再びこの地に舞い降りると伝えられています。

多度大社は錦山号という名の真っ白な神馬がいることでも知られます。生きた神馬がいる神社は全国でも珍しく、お勤め中の錦山号に運良く会えたなら、その日はきっとうまくいく、ですね。

うまくいくお守り

9頭の馬が刺繍された「うまくいく守」もあります。絵馬もそうですが、馬はすべて左向き。これは「左馬」といって縁起がよいとされます。馬は人を乗せる動物で「人を踏まない」ということから、交通安全祈願をする人が多いそうです。

神社・周辺情報

多度大社といえば、急斜面を馬で駆け上がる「上げ馬神事」が有名です。毎年5月におこなわれ、坂を越えることができた馬の数によって、その年の豊作、凶作を占います。神様と馬の深い関係が感じられる神事です。

住所　三重県桑名市多度町多度1681
授与時間　9:00～17:00
交通　養老鉄道多度駅から徒歩20分
電話　0594-48-2037

諸願成就

三重県

［鈴鹿市］

椿《つばき》大《おお》神《かみ》社《やしろ》

椿の花が美しく開くように
願い事が叶いますように。

椿大神社の主祭神は猿田彦大神《さるたひこのおおかみ》。天孫降臨の際、瓊々杵尊《ににぎのみこと》を高千穂の峯に導いた神様で、「みちびきの祖神さま」として崇敬されてきました。そして、境内には天之鈿女命《あめのうずめのみこと》をお祀りする椿岸神社があります。天之鈿女命は猿田彦大神の妻神。天の岩戸から、天照大御神《あまてらすおおみかみ》に踊りを奉納し外へと導いた神様です。天之鈿女命は芸能の神様として知られますが、夫婦神がお祀りされているため、縁結びの神社としても霊験あらたかです。

　こちらの愛らしい椿の花が描かれた絵馬は、椿岸神社の絵馬。神社のそばには開運成就、恋愛成就のパワースポットともなっている「かなえ滝」があり、この絵馬の名前も「かなえ絵馬」となっています。

住所	三重県鈴鹿市山本町1871
授与時間	8:00～17:00（正月は変更あり）
交通	近鉄四日市駅からバス50分
電話	059-371-1515

ちんまりかわいい椿のお守り

小さな赤と白の椿が付いた根付けタイプのお守りです。開運招福の願いが込められています。椿大神社にはたくさんの椿の木が植えられていて、見頃の季節になると、赤や白、ピンクなど、さまざまな種類の椿の花を見ることができます。

神社・周辺情報

椿大神社の境内には「御船磐座（みふねのいわくら）」があり、謡曲「鈿女（うずめ）」にうたわれている神代の神跡とされています。神秘的なこの場所もパワースポットとして人気です。松下幸之助翁が寄進した茶室「鈴松庵」も人気のスポットです。

神田明神《かんだみょうじん》×ラブライブ！

日本のアニメ・マンガはもはや世界を席巻するコンテンツとなりました。美少女アニメとコラボした絵馬も社寺で授与されるようになり、そのさきがけとなったのが、神田明神の「ラブライブ！絵馬」です。

『ラブライブ！』は、9人の少女たちがスクールアイドルとなって、廃校の危機に瀕した母校を救うために奮闘するストーリー。メンバーのなかの東條希《とうじょうのぞみ》ちゃんが、神田明神でお掃除などのお手伝いをしているという設定なのです。

しかも、作品の舞台である秋葉原は、神田明神のお膝元。大好きな作品と絵馬でつながることができるとあって、ラブライブ！絵馬にファンが殺到。さらに、作品の声優さんたちスタッフの奉納絵馬が絵馬掛けにあると知れると、大騒ぎになりました。

神田明神は1300年近い歴史をもつ神社です。その歴史のなかで、実はさまざまなコラボレーションをおこなっているのです。明治時代には神田祭と当時の人気歌舞伎役者が浮世絵に描かれ、昭和になると『銭形平次』とのコラボも。なんと平次役の大川橋蔵さんが作品の成功祈願に訪れ、境内で「銭形まつり」なるものが開かれたのだそう。ちなみに当時の大川さんは、たいへんな美男子でありました。

現在でも『シュタインズ・ゲート』『僕のヒーローアカデミア』『宇宙兄弟』など、数々のコラボで話題の神田明神。時代の移り変わりとともに、新しい伝統が作られています。

神田神社（神田明神）

住所 東京都千代田区外神田2-16-2
授与時間 9:00～17:00
交通 JR御茶ノ水駅から徒歩５分
電話 03-3254-0753

神田祭と『ラブライブ！』のメンバーのコラボ絵馬。残念ながら頒布は終了しているのだそう。コラボ絵馬は数量や期間限定のものが多いので、受けたいときはお早めに。神田明神では公式HPでの授与もおこなっています。

諸願成就

滋賀県

［多賀町］

多《た》賀《が》大《たい》社《しゃ》

杓子の絵馬が 願い事をすくってくれますように。

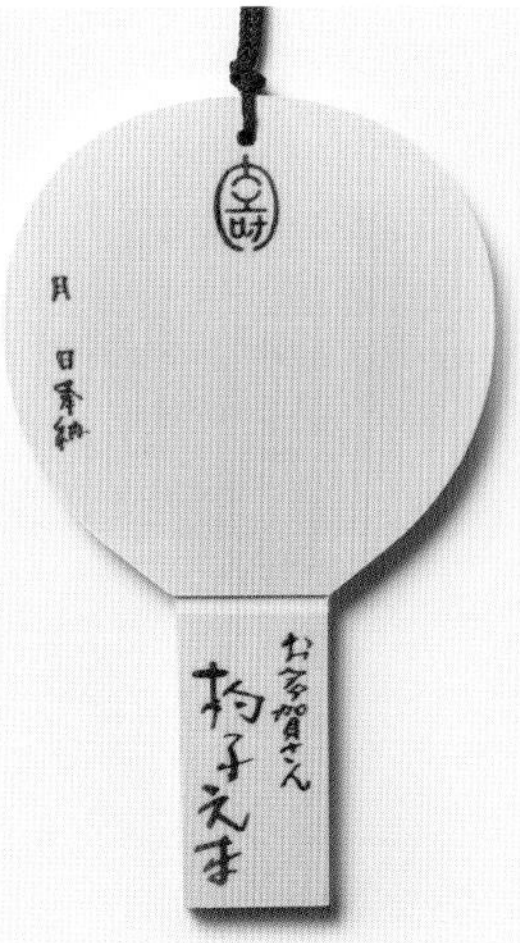

古くから「お多賀さん」の名で親しまれる多賀大社の絵馬は、しゃもじの形をしています。「杓子絵馬」と呼ばれるこの絵馬は、神社に伝わる「お多賀しゃくし」に由来します。その昔、元正天皇が病にお倒れになったとき、多賀大社の神主さんが強飯《こわめし》を炊いて、しでの木で作った杓子とともに献上したのだそう。すると天皇はたちまち治癒されたと伝えられ、お多賀しゃくしは無病息災の縁起物となりました。また、おたまじゃくしの語源であるともいわれます。

杓子絵馬は諸願成就の絵馬で、いろいろな願い事ができます。同じ形をした合格祈願の絵馬もあり、境内にある天満神社にたくさん奉納されています。

ずっと健康で長生きを

「莚寿（えんじゅ）守り」は、健康と病気平癒のお守りです。「莚」という字はくさかんむりと「延」という字からできています。くさかんむりはふたつの「十」に分けられることから、20年寿命が延びることを意味しているそうです。

神社・周辺情報

多賀大社の御祭神は伊邪那岐（いざなぎ）大神と伊邪那美（いざなみ）大神。「お伊勢参らばお多賀へまいれ　お伊勢お多賀の子でござる」と人々から歌い伝えられ、延命長寿、縁結び、厄除けの神様として信仰を集めています。

住所　滋賀県犬上郡多賀町多賀604
授与時間　8:30～16:00
交通　近江鉄道多賀大社前駅から徒歩10分
電話　0749-48-1101
郵送での授与可
公式HPから

諸願成就

滋賀県

［大津市］

日《ひ》吉《よし》大《たい》社《しゃ》

魔を除ける神猿さんが
キュートな絵馬に。

日吉大社の神様のお使いは神猿《まさる》さん。「まさる」という名は、「魔が去る」「勝る」に通じます。日吉大社がご鎮座する比叡山には野生の猿がたくさん生息していて、いつの頃からか魔除けの象徴として大切にされるようになりました。境内にある神猿舎には、本物のお猿さんがいることでも知られます。

　こちらのかわいらしい神猿の絵馬は、お顔が描き込めるようになっています。思い思いの顔を描き、裏側に願い事と名前を書いて、絵馬掛けに奉納します。神猿さんのご利益が魔除けと必勝であることから、方除け・厄除けのお願いや、試合の必勝祈願、受験の合格祈願をする人が多いそうです。

神猿さんのおみくじ

こちらは「神猿みくじ」といって、底から出ている赤いひもを引っ張ると、おみくじが出てきます。茶色と金色があり、ちょっと上を向いているところがかわいいです。神猿さんは神棚や玄関などにお祀りして、魔除け・厄除けのお守りに。

神社・周辺情報

日吉大社は全国にある日吉・日枝・山王神社の総本宮。平安京遷都の折には、この地が都の表鬼門（北東）にあたることから、都の魔除け・災難除けを祈る社として、また天台宗の護法神として信仰を集めてきました。

住所　滋賀県大津市坂本5-1-1
授与時間　9:00〜16:30
交通　京阪坂本比叡山口駅から徒歩10分
電話　077-578-0009
●参拝には入苑協賛料が必要

諸願成就

京都府

［京都市］

貴《き》船《ふね》神《じん》社《じゃ》

人々の願いを運ぶ黒馬と白馬。絵馬の歴史を伝える絵馬。

古くから雨乞いの社として知られ、京都でも屈指の歴史をもつ貴船神社。全国２０００社を数える水神の総本宮でもあります。

貴船神社は絵馬発祥の神社ともいわれています。社伝によると、歴代の天皇は、日照りのときには黒馬を、長雨のときは白馬または赤馬を貴船神社に奉納して、天候回復を祈願したそうです。しかしときには、生きた馬のかわりに「板立馬」を奉納したと、平安時代の書物に記されているのだそう。この板立馬が、今の絵馬の原形であるといわれています。「神馬の絵馬」に描かれた黒馬と白馬は、絵馬の歴史を今に伝えてくれています。

住所	京都府京都市左京区鞍馬貴船町180
授与時間	9:00～17:00
交通	叡山鉄道貴船口駅からバス４分／地下鉄国際会館駅からバスを乗り継いで26分
電話	075-741-2016

龍神様と和泉式部の絵馬

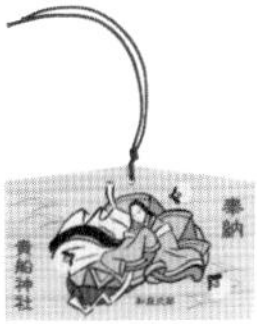

貴船神社の祈願絵馬には、御祭神である龍神の絵馬と、平安時代の女流歌人である和泉式部の絵馬もあります。その昔、夫との不仲に悩んだ和泉式部が、復縁を祈願して貴船神社の結社（ゆいのやしろ）に参拝したのだそうです。

神社・周辺情報

貴船神社の参拝は「三社詣」といい、本宮、奥宮、結社をお参りします。本宮は平成の造営事業により、新しく建て替えられました。社殿前には貴船山から湧き出る御神水があり、その水に浮かべると文字が浮かぶ「水占みくじ」が人気です。

諸願成就

京都府

［京都市］

壬《み》生《ぶ》寺《でら》

隊服のデザインがクール！
歴史好きにはたまらない新選組の絵馬。

爽やかな浅葱色《あさぎいろ》にだんだら模様、そして「誠」の字。幕末、新選組の兵法調練場として使われたことで知られる壬生寺の絵馬は、新選組の隊服がモチーフになっています。

絵馬の裏側には、山南敬助による隊士への追悼の五言絶句が記されています。山南敬助は新選組結成メンバーであり、副長、総長を務めた人物です。原文は割愛しますが、訳文をお寺の方に教えていただきました。先人たちの努力が、今の私たちの暮らしにつながっていることを忘れないでおきたいですね。

死者の魂は悠久《ゆうきゅう》の天地に帰した。
もはやその生に終わりはない。
正《まさ》しく、あの世の鬼神となって、
国家の基《いしずえ》を守り続けるに違いない。

住所	京都府京都市中京区坊城仏光寺北入る
授与時間	9:00〜16:00
交通	各線京都駅下車、バス停「壬生寺道」から徒歩5分
電話	075-841-3381

素朴なお顔のだるまのお守り

2月の節分会では、だるまの授与がおこなわれます。頭のてっぺんが金色であることから「金天だるま」とも呼ばれる、小さなだるまのお守りです。壬生寺のだるまには、青と白のかわいい模様が描かれています。

寺院・周辺情報

壬生寺阿弥陀堂内の壬生塚には、新選組の遺跡があります。近藤勇の胸像と遺髪塔、芹沢鴨ら隊士のお墓、歌碑などを見ることができます（拝観料が必要）。また、鎌倉時代から続く「壬生狂言」が、春と秋と節分に公開されます。

諸願成就

京都府

［京都市］

伏《ふし》見《み》稲《いな》荷《り》大《たい》社《しゃ》

きつねは稲荷大神様のお使い。「びゃっこさん」とも呼ばれます。

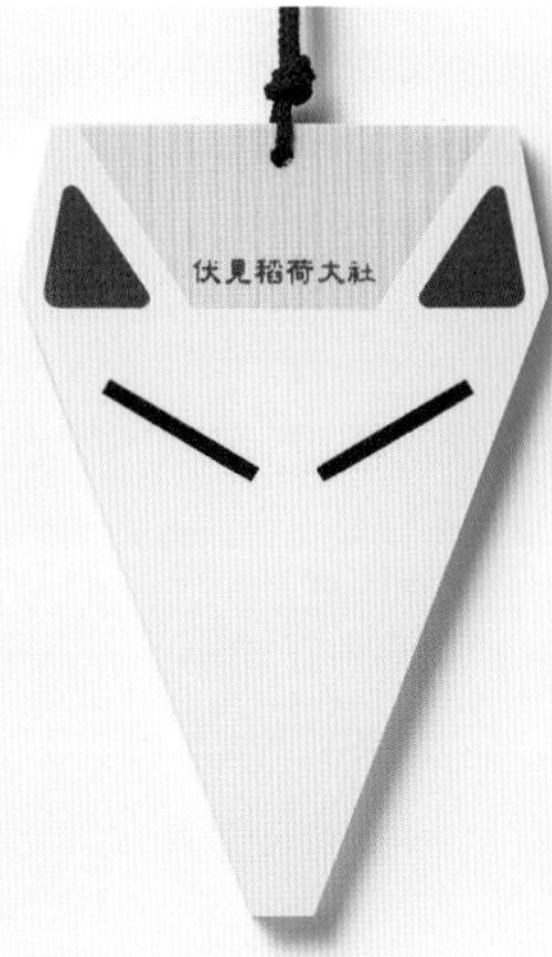

商売繁盛・五穀豊穣の神様として知られる伏見稲荷大社は、全国にある稲荷神社の総本宮。美しい千本鳥居は、JR東海の「そうだ 京都、行こう。」のCMでも注目を集めました。

このきつねの絵馬は「一願命婦《いちがんみょうぶ》絵馬」といいます。境内の白狐社には命婦専女神《みょうぶとうめのかみ》が祀られ、命婦とは稲荷大神様のお使いであるきつねを意味します。神使いのきつねは野生のきつねとは違い、私たちの目には見えないのだそう。そして神様と人との間を取り持ってくれます。真っ白なお顔に顔を描いて、奉納する人が多いそうです。

鳥居の絵馬と白狐のお守り

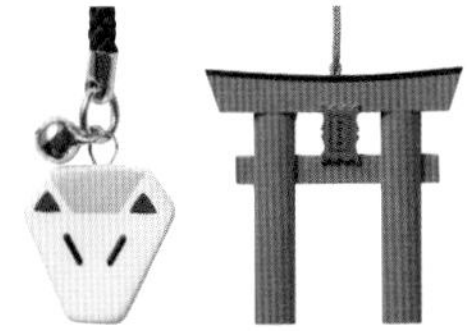

鳥居の形をした「鳥居形絵馬」もあります。鳥居の朱色は「稲荷塗」といわれ、社殿にも用いられています。朱は、稲荷大神様のお力の豊穣を表す色なのだそう。また、一願命婦絵馬と同じお顔をした「白狐守」も授けていただけます。

神社・周辺情報

伏見稲荷大社の鳥居は、千本鳥居だけではありません。本殿の背後にある稲荷山は稲荷大神様の降臨地であり、数多くのお塚と、参道には朱の鳥居があります。撮影スポットではありますが、参拝者のお邪魔にならないよう気を配りましょう。

住所	京都府京都市伏見区深草薮之内町68
授与時間	9:00～16:00
交通	JR稲荷駅から徒歩すぐ／京阪本線伏見稲荷駅から徒歩5分
電話	075-641-7331

諸願成就

兵庫県

［高砂市］

高砂《たかさご》神社《じんじゃ》

ハート形の模様がかわいい！
相生松は夫婦和合の象徴。

世阿弥《ぜあみ》の謡曲「高砂」のルーツでもある高砂神社には、相生松《あいおいまつ》と尉《じょう》と姥《うば》の言い伝えがあります。その昔、境内に1本の松がありました。その松は雌雄一体の珍しい松でした。ある日、尉姥二神が現れ、「我は今より神霊をこの木に宿し、世に夫婦の道を示さん」と告げられたそうです。この松は相生の霊松と呼ばれ、現在の相生松は五代目となっています。

相生松の形をしたこの絵馬は、縁結び・和合長寿以外にも、さまざまな願い事ができます。相生松にあやかって、ハートの模様になっているところに、カップルで名前を書く方が多いそう。絵馬掛けには、まるで松の枝が繁るように、たくさんの絵馬が奉納されています。

尉姥の絵馬

尉姥と相生松が描かれたこの絵馬は、参拝記念に持ち帰る人が多いのだそう。尉が持つ熊手は寿福の象徴でもある相生松の松葉をかき集める道具として、姥が持つ箒は厄を払い、福を招き寄せることを表しています。

神社・周辺情報

相生松の前でおこなう婚姻の礼から今の結婚式がはじまったとされ、高砂神社は庶民の結婚式発祥の地であるともいわれています。挙式がおこなわれる高砂神社会館の前には五代目相生松があり、ふたりの新しい門出を見守ってくれます。

住所 兵庫県高砂市高砂町東宮町190
授与時間 9:00〜18:00
交通 山陽電鉄高砂駅から徒歩10分
電話 079-442-0160

諸願成就

兵庫県

［赤穂市］

赤《あ》穂《こう》大《おお》石《いし》神《じん》社《じゃ》

本懐を遂げた四十七義士をお祀りする神社の絵馬。

赤穂大石神社は四十七義士をお祀りする神社。大石内蔵助良雄《おおいしくらのすけよしたか》以下四十七義士命と萱野三平《かやのさんぺい》命が主祭神です。萱野三平は、忠孝のはざまで苦悩し、討ち入り前に自刃した人物です。神社は播州赤穂城内にある内蔵助の屋敷跡に鎮座しています。

主君の無念を晴らし、まさに大願成就した四十七義士。この大願成就の絵馬は、討ち入りのときに内蔵助が打ち鳴らしたといわれる、陣太鼓がデザインされています。どんな願い事もできますが、特に大きな願い事をしたいものです。

内蔵助は三男二女の子だくさんでもありました。大石邸の庭園には「子宝陰陽石」があり、なでると子宝に恵まれるといわれています。

住所	兵庫県赤穂市上仮屋131-7(旧城内)
授与時間	8:30～17:00
交通	JR播州赤穂駅から徒歩15分／山陽新幹線相生駅から車で20分
電話	0791-42-2054

郵送での授与可

電話で問い合わせを

安産成就の絵馬

安産のお守りでもある犬張り子に、義士に扮した赤ちゃんがまたがった絵馬です。大願成就の神社で安産成就も祈願できるとは、なんとも心強いですね。子宝陰陽石をお参りできる特典付きの「子宝御守」というペアで持つお守りもあります。

神社・周辺情報

境内に併設されている義士史料館には、義士宝物殿および別館、義士木像奉安殿、大石邸長屋門・庭園があります。宝物殿には内蔵助が使った呼子鳥笛や、堀部安兵衛が着用した防具など、貴重な史料が展示されています(入館料が必要)。

諸願成就

兵庫県

［淡路市］

伊《い》弉《ざ》諾《なぎ》神《じん》宮《ぐう》

桃は神話にも登場する
邪気を払う果実。

淡路島に鎮座する伊弉諾神宮の絵馬は桃の形をしています。「神桃祈願絵馬」といい、古くから桃には除災招福のご霊験があるとされてきました。境内にある絵馬掛けにはたくさんの絵馬がかけられ、まるで桃が鈴なりに実をつけているよう。

『古事記』には、伊弉諾《いざなぎ》大神が伊弉冉《いざなみ》大神に会うために、黄泉国《よみのくに》まで赴く話が登場します。見てはいけないと言われた伊弉冉大神の変わり果てた姿を見てしまった伊弉諾大神は、黄泉国の醜女《しこめ》に追われることになります。この世との境目である黄泉平坂《よもつひらさか》で、伊弉諾大神は桃の実を投げて追っ手を退散させました。神話の世界に思いを馳せながら、絵馬に願い事をしてみてはいかがでしょうか。

桃の形をしたお守り

童話に描かれる桃太郎が鬼を退治するように、昔から桃には除難招福の霊力があるといわれています。こちらは魔除け・厄除けの「桃の実おまもり」。こんなにかわいらしい桃が魔や厄を追い祓ってくれるとは、ありがたいですね。

神社・周辺情報

境内には二株の楠が一株になって成長した樹齢約900年の御神木「夫婦の大楠（おおくす）」があり、御祭神の神霊が宿るとされています。子授けや安産、夫婦円満の祈願成就にお参りする人が多いそうです。

住所	兵庫県淡路市多賀740
授与時間	9:00～17:00
交通	JR三宮駅または舞子駅から高速バス１時間10分
電話	0799-80-5001

諸願成就

奈良県

［奈良市］

春《かす》日《が》大《たい》社《しゃ》

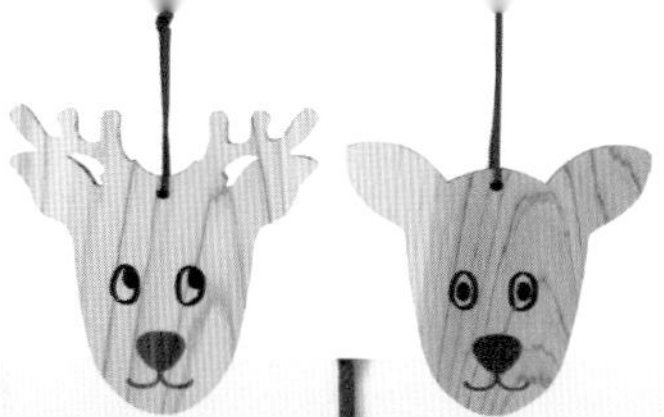

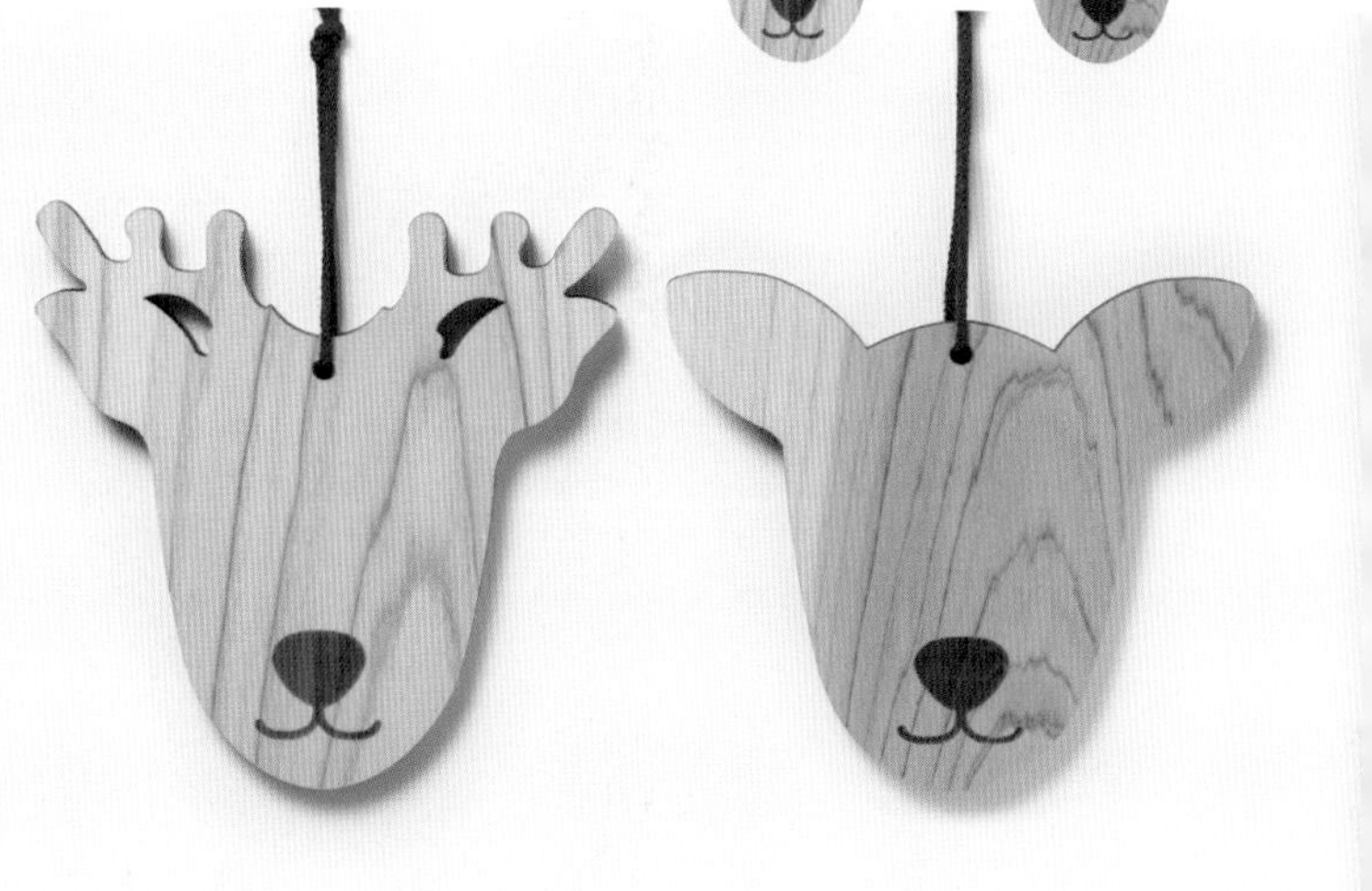

部屋に飾っておきたくなる
愛らしい絵馬。

春日大社の御祭神の一柱である武《たけ》甕槌命《みかづちのみこと》は、国譲りを達成された最強の武神。常陸国（現・茨城県）から白鹿に乗ってやってこられたとの言い伝えがあります。そのため鹿は神様のお使いとして、昔から大切にされてきました。

鹿絵馬は、雌と雄の2種類があります。奈良県産の桧《ひのき》を使用しているそうで、木目がひとつひとつ違うのも魅力です。裏に願い事を書いて、表には鹿の顔を描き込めるようになっています。

鹿の角は雄鹿特有のもので、1年ごとに新しく生え変わります。春に古い角が抜け落ち、袋角《ふくろづの》と呼ばれる皮膚に包まれた角ができます。鹿絵馬の角は袋角にも見えますね。

住所	奈良県奈良市春日野町160
授与時間	9:00～16:30
交通	JR奈良駅・近鉄奈良駅からバス11～15分
電話	0742-22-7788

郵送での授与可

公式HPから

一刀彫のおみくじ

「鹿みくじ」は、奈良県の特産でもある一刀彫によるもので、おみくじをくわえている姿が愛らしいと人気です。つまめるほどの小ささと、表情がそれぞれ微妙に違うのも特徴。同じく口におみくじをくわえた陶器製の白鹿みくじもあります。

神社・周辺情報

春日大社の境内や奈良公園とその周辺に生息する鹿は、国の天然記念物に指定されています。奈良の鹿がこれからも長く愛されるよう、誤飲の原因ともなるゴミなどを落とさないよう注意して、ルールを守って参拝しましょう。

諸願成就

和歌山県

［田辺市］

熊《くま》野《の》本《ほん》宮《ぐう》大《たい》社《しゃ》

あらゆる災厄を除けてくれる「カラス文字」の絵馬。

世界遺産にも登録された「熊野古道」は、熊野三山である熊野本宮大社、熊野速玉《はやたま》大社、熊野那智《なち》大社を詣でる道のこと。熊野本宮大社は熊野三山の中心であり、全国の熊野神社の総本宮です。そして熊野の神様のお使いは、神武天皇を大和の橿原《かしはら》まで導いたとされる八咫烏《やたがらす》です。

この牛王《ごおう》絵馬に記されているのは「カラス文字」といって、八十八の烏によってデザインされています。カラス文字のもととなっているのは、「オカラスさん」とも呼ばれる熊野牛王神符。人々をあらゆる災厄から守ってくれる護符で、三山に伝わるカラス文字はそれぞれ異なります。牛王絵馬は、飾り絵馬として持ち帰ってもよいそうです。

八咫烏ポスト

社務所前には黒い色をした八咫烏ポストがあります。「八咫烏ポスト絵馬」は、このポストに葉書として投函できる絵馬。大切に思う人へ、または自分宛に絵馬を送ってみるのもいい記念になりそうです。

神社・周辺情報

三山のなかでも古式ゆかしい雰囲気をもつ熊野本宮大社。参道入り口の鳥居から158段の石段を登ってお参りします。杉木立に囲まれた石段には、熊野大権現の奉納幟が立ち並び、神域へといざなってくれます。

住所 和歌山県田辺市本宮町本宮1100
授与時間 8:30～17:00
交通 JR新宮駅からバス90分
電話 0735-42-0009

郵送での授与可
公式HPから

亀有《かめあり》香取《かとり》神社《じんじゃ》×こち亀&キャプ翼

COLUMN コラボ絵馬2

亀有香取神社がご鎮座する亀有は、いわずとしれた『こちら葛飾区亀有公園前派出所』の舞台となった町。原作マンガにも香取神社の社殿が登場しています。また、平成28年には舞台版『こち亀』のイベントが境内でおこなわれ、両さん役のラサール石井さんらが成功祈願をしました。

香取神社の「こち亀両さん絵馬」は平成20年から頒布がはじまり、お土産にも人気の絵馬となっています。ガハハと笑う両さんが、厄も吹き飛ばしてくれそうです。コラボは絵馬だけにとどまらず、境内には「両さんと歩く亀有マップ」や「少年よ、あの星を目指せ！両さん像」が。亀有には町のいたるところに11体のこち亀の銅像があり、町全体が作品とコラボしているんです。

そしてなんと、香取神社では『キャプテン翼』のコラボ絵馬も受けられます。地元葛飾区のサッカーチーム「南葛SC」が必勝祈願に参拝した縁から、頒布がはじまったのだそう。「南葛」といえば、翼君が小学校時代に所属したチーム名じゃないですか！　しかも、香取神社のご利益は、必勝、足腰健康、そしてスポーツ。なんというステキなめぐり合わせでしょう。『キャプ翼』の原作者である高橋陽一先生が、南葛SCの後援会長というのもステキです。

亀有香取神社

住所	東京都葛飾区亀有3-42-24
授与時間	9:00～17:30（夏季）9:00～17:00（冬季）
交通	JR亀有駅から徒歩3分
電話	03-3601-1418

「こち亀両さん絵馬」は開運笑福、必勝、諸願成就の３種類。「キャプテン翼絵馬」は翼君の蹴勝と日向君の健脚の２種類。少年たちにとって夢のような絵馬なのです。

諸願成就

岡山県

［備前市］

天《あま》津《つ》神《じん》社《じゃ》

ひとつひとつ焼き色が違う 備前焼の絵馬をお土産に。

特有の土色が魅力の備前焼。備前市伊部《いんべ》地区は、古くから備前焼の町として知られています。この地に鎮座する天津神社は、狛犬、屋根瓦、床タイルなどの多くが備前焼で作られている、とても珍しい神社です。

もちろん、この3つの絵馬も備前焼。右から神農《しんのう》さん、干支の丑《うし》、麒《き》麟《りん》がデザインされています。神農さんは、中国の医薬の神様。薬効や毒性を調べるため、自ら植物をなめて試したのだそうです。

これらの絵馬は、宮司さん自らが焼かれているのだそう。宮司さんは備前焼作家であり、備前焼伝統工芸士でもあります。なんともありがたいこの絵馬、お土産に持ち帰る人が多いのもうなずけます。

住 所	岡山県備前市伊部629
授与時間	9:00～17:00
交 通	JR伊部駅から徒歩10分
電 話	0869-64-2738

備前焼が入った「左馬健康守」

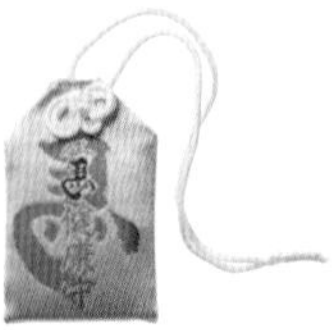

備前焼の業界では、新築の窯を使うとき、「左馬（ひだりうま）」を書いた飯茶碗を入れると縁起がよいとされます。ここでいう左馬とは、馬という字を逆さにした文字のこと。この左馬健康守には、左馬の小さい備前焼が入っているそうです。

神社・周辺情報

参道を進むと、備前焼に彩られた神門が見えてきます。この神門には絵馬にあった麒麟の像がお祀りされているのだそう。随神門へと続く石段には、多くの作家の方から奉納された陶印（サイン）の入った陶板が見られます。

諸願成就

岡山県

［岡山市］

吉《き》備《び》津《つ》神《じん》社《じゃ》

温羅退治の神話に
桃太郎のルーツが！

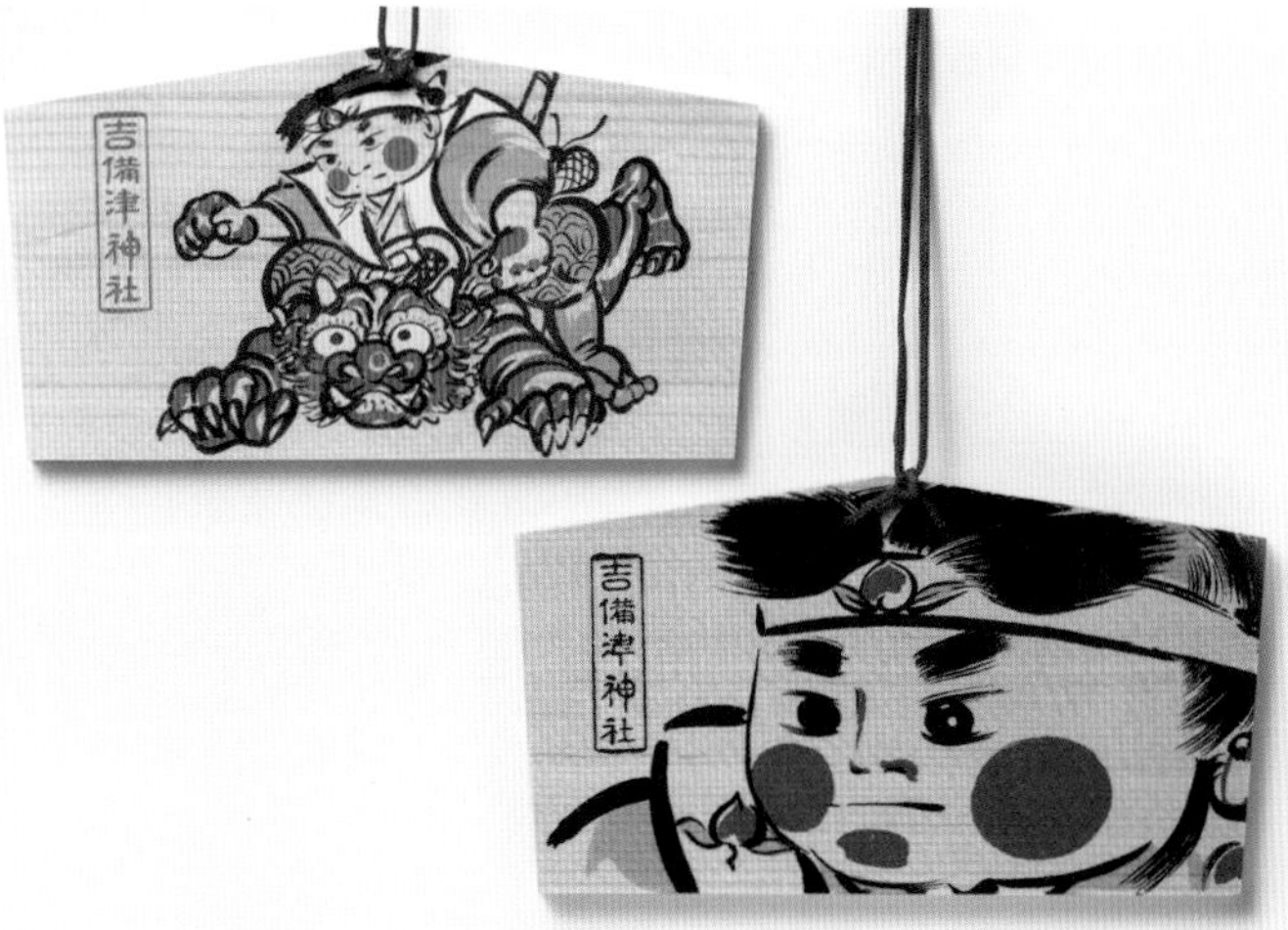

吉備津神社に伝わる温羅《うら》退治の神話は、童話「桃太郎」のもととなったともいわれています。温羅退治の主人公は、御祭神である大吉備津彦《おおきびつひこの》命《みこと》。大和朝廷に対抗していた温羅（百済の王子とも伝えられる）一族を平定し、この地方に平和と秩序をもたらした人物です。

桃太郎の絵馬は、２種類あります。吉備津神社のご神徳は、延命長寿、産業、安産育児、学問芸術と多岐にわたり、この絵馬にもさまざまな願い事をしてよいそうです。

吉備津神社は全長３６０メートルの廻廊があることでも有名です。自然の地形のまま一直線に建てられたもので、歩きながら四季折々の景色が楽しめます。

吉備津こまいぬ

右から座り犬、鳥、立ち犬の土人形です。大吉備津彦命は犬と鳥をかわいがり、「犬飼」「鳥飼」両氏族がそのお世話にあたったそう。犬は火難盗難を除け、鳥は食事のときにお膳に置くと、のどのつまりを除けるご利益があります。

神社・周辺情報

大吉備津彦命は、281歳という非常に長寿でお亡くなりになったことから、延命長寿の守護神ともされます。また、神事がおこなわれる御竈殿（おかまでん）には、大吉備津彦命に討たれた温羅の首が埋めてあるという伝説があります。

住所	岡山県岡山市北区吉備津931
授与時間	9:00～15:00
交通	JR吉備津駅から徒歩10分
電話	086-287-4111

人々の願いをポシェットに詰めて
鳩絵馬が羽ばたきます。

諸願成就

広島県

［尾道市］

浄《じょう》土《ど》寺《じ》

聖徳太子が開いたと伝わる浄土寺は、足利尊氏ともゆかりのあるお寺です。南北朝時代、尊氏が九州へ下った際、途中の尾道に船を寄せて浄土寺に戦勝祈願に訪れました。船の舳先にとまって、浄土寺に導いたのが白鳩だったと伝わります。その後湊川《みなとがわ》の戦いで勝利した尊氏は、室町幕府を開くことになります。

浄土寺にはこの白鳩伝説がもととなった鳩絵馬があります。白鳩は吉兆のシンボル。どんな願い事をしてもよいそうですが、健康を祈願する方が多いとか。鳩がポシェットを下げているのは、仏様に願いを運ぶためだそうです。ポシェットの色は赤、黄、緑の3色。お好きな色をお選びください。

住所	広島県尾道市東久保町20-28
授与時間	9:00～16:00
交通	JR尾道駅から徒歩25分
電話	0848-37-2361

鳩のこと

鳩と関係の深い浄土寺には、たくさんの鳩がいます。境内にはエサの販売所があり、エサをまくとたくさんの鳩が寄ってきてくれるのだそう。浄土寺はその昔、伝書鳩を飼っていて、当時の鳩小屋が文化財として残されています。

寺院・周辺情報

国宝の本堂、多宝塔、国の重要文化財である山門、阿弥陀堂など、見どころが満載のお寺です。本堂や阿弥陀堂の内部拝観をすることができ、聖徳太子三尊像が収められた宝物館も公開しています（内部拝観と宝物館は拝観料が必要）。

諸願成就

福岡県

［太宰府市］

竈《かま》門《ど》神《じん》社《じゃ》

鬼門除けの山として知られる霊峰・宝満山をかたどった絵馬。

まあるい形に、桜の花があしらわれた「かまど絵馬」。この形は竈門神社が鎮座する宝満山を表し、桜の花は、桜が神社のご縁木であることに由来します。宝満山は別名「竈門山」と呼ばれ、古《いにしえ》より神が降り立つ山として崇められてきました。名前の由来は、山にある竈門岩の伝承によるものと、山の姿がかまどの形に見えることといわれています。

竈門神社にはインテリアデザイナーの片山正通さんによって設計された、おしゃれな授与所があります。かまどをイメージした円卓があり、ぐるっとゆっくりながめることができます。

住所	福岡県太宰府市内山883
授与時間	8:30～18:00
交通	西鉄太宰府駅からバス10分
電話	092-922-4106

緑が深まる絵馬

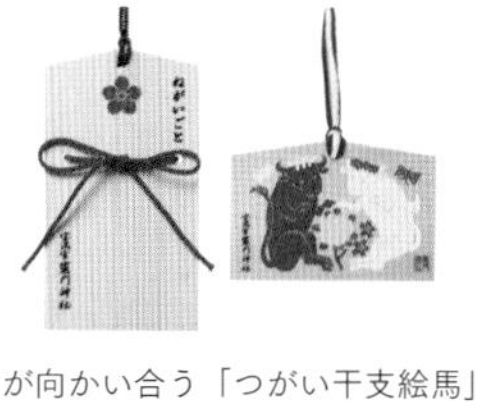

干支が向かい合う「つがい干支絵馬」の絵は、福岡県在住の陶芸家・鹿児島陸さんによるもの。諸願成就の絵馬ですが、カップルに人気だそう。「むすび絵馬」は、左右にひもが付いていて、願い事を書いてから正面で結びます。

神社・周辺情報

宝満山が大宰府の鬼門にあることから、鬼門封じの国家的祭祀がおこなわれてきた竈門神社。『鬼滅の刃』聖地巡礼ブームのときは、絵馬を奉納する人で大にぎわいしたそう。はやる気持ちを抑えつつ、心静かにお参りいたしましょう。

諸願成就

佐賀県

［有田町］

陶《すえ》山《やま》神《じん》社《じゃ》

神社の窯で焼かれた
美しい有田焼の絵馬。

陶山神社は、焼き物で有名な有田の総氏神。有田焼にたずさわる人や有田の町の人々に、昔から崇敬されてきました。また、「やきものの神様」としても広く親しまれています。

この有田焼の絵馬は、神棚などにお飾りする縁起絵馬。美しい白磁に鳥居と狛犬、そして社殿が描かれています。陶山神社の鳥居は、白磁に淡いブルーの唐草模様が施された磁器製。国の登録有形文化財にも指定されていて、神社のシンボルともなっています。そして備前焼の絵馬（P52）と同様、こちらの絵馬も神職さんが真心を込めて手作りされているそう。手のひらサイズの絵馬守もあり、焼き物好きな人にはたまらない絵馬となっています。

ステッカータイプのお守り

こちらのお守りも有田焼。交通安全のお守りで、ふた付き湯呑み形のシルエットに、鳥居が青く描かれています。裏側にはシールが付いていて、車に貼ることができます。そのまま車内に乗せたり、自宅に飾ったりしてもよいそうです。

神社・周辺情報

明治21年に奉納されたという白磁の鳥居は、令和２年に修復工事が終わり、美しく生まれ変わりました。陶磁器製の狛犬や大水瓶、本殿の欄干など、境内のあちこちに有田焼が見られ、「野外美術館」とも称される神社です。

住所 佐賀県西松浦郡有田町大樽2-5-1
授与時間 9:00～17:00
交通 JR有田駅から車で5分
電話 0955-42-3310

郵送での授与可

公式HPから

諸願成就

宮崎県

［宮崎市］

青《あお》島《しま》神《じん》社《じゃ》

格子模様のお着物がかわいい「神ひな」の絵馬。

青島神社は宮崎市の青島にある神社です。ヤシ科植物の群生地として知られ、島全体が青島神社の境内地となっています。青島は「海幸彦《うみさちひこ》・山幸彦《やまさちひこ》」の神話の舞台となったとされ、神話に登場する神々が神社にお祀りされています。

この絵馬に描かれているのは、「神ひな」という神社に古くから伝わるお守りです。「夫婦びな」「願かけびな」とも呼ばれ、縁結び、安産、病気平癒、家内安全、交通安全など、あらゆる願いをかけてご神前にお供えします。この絵馬にもいろんな願い事ができるそう。「祈りの古道」という絵馬のトンネルには、島特有の亜熱帯植物が生い茂り、エキゾチックな雰囲気を醸しています。

おしゃれな開運のお守り

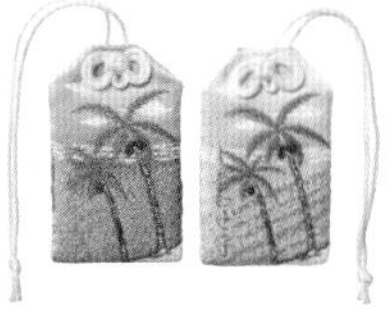

やさしい色合いの「しあわせ守」は、ブルーとピンクの2種類。ヤシの木と鬼の洗濯岩が刺繍されているところが、青島神社ならではです。サーフィンなどのマリンスポーツが好きな人へのお土産にもぴったりです。

神社・周辺情報

青島神社は縁結びの社として知られ、恋人たちや女性の参拝者がたくさん訪れます。島までは弥生橋という長く美しい橋を渡っていきます。島のまわりに広がる「鬼の洗濯岩」は圧巻の景色。波に洗われてできた自然の奇岩だそうです。

住所	宮崎県宮崎市青島2-13-1
授与時間	8:00～17:30
交通	JR青島駅から徒歩10分
電話	0985-65-1262

諸願成就

鹿児島県

［南九州市］

釜《かま》蓋《ふた》神《じん》社《じゃ》

「かまふた願掛け」が成功すれば
絵馬のご利益もパワーアップ！

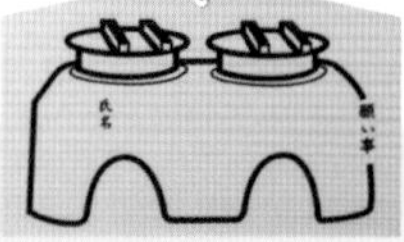

「釜蓋」を頭に乗せ、手を使わずに拝殿まで歩くと願いが叶う……。そんなユニークな作法がある神社が、薩摩半島の南端にあります。

釜蓋神社、正式には射楯兵主神社《いたてつわものぬし》は、海に突き出た岩礁の上に鎮座しています。御祭神は武運の神様でもある素戔嗚尊《すさのおのみこと》。戦前は「敵の鉄砲が当たらず無事に帰ってこられる」と、釜の蓋や鍋を持ってお参りする出兵者や家族が多く訪れたそうです。現在では、有名スポーツ選手がお参りすることでも知られています。

この絵馬には、必勝祈願はもちろん、合格祈願、健康長寿、商売繁盛など、さまざまな願い事をすることができます。お参りするときは釜蓋をお忘れなく！

かまふた願掛けかぶり

願掛け用の釜蓋は、拝殿の前に立てかけられています。ふたり用の大きな釜蓋には「しあわせ　なかよし」のご利益が。ぴったり肩を寄せて挑戦しましょう。釜蓋が途中で落ちてしまっても大丈夫。そのときは、もう一度最初からやり直します。

神社・周辺情報

その昔、天智天皇とお妃を迎えるため、臣下がたくさんのお米を炊いていたところ、強風で釜蓋が遠く飛び、この地に落ちました。地元の人々が釜蓋を拾い、釜蓋大明神としてお祀りしたのが釜蓋神社のはじまりだそう。

住所	鹿児島県南九州市頴娃町別府6827
授与時間	8:00～18:00
交通	JR頴娃大川駅から徒歩15分
電話	0993-38-2127 （釜蓋神社管理運営委員会）

常陸国総社宮《ひたちのくにそうしゃぐう》×火の鳥

COLUMN コラボ絵馬 3

常陸国総社宮のコラボ絵馬は、手塚治虫先生の代表作でもある『火の鳥』。古代の衣装を身に着けて石に腰かけているのは、「ヤマト編」の主人公であるヤマトタケルです。このシーンは、クマソ征伐に九州に向かったヤマトタケルが、部下のふたりを待っているところ。このあと、ヤマトタケルは火の鳥と出会うことになりますが、全裸で笛を吹くシーンがとても美しいのです。

　総社宮の境内には倭武天皇（ヤマトタケルノミコト）が腰かけたと伝わる石があります。この石が、『火の鳥』のシーンの石にそっくり！　また、この聖なる石があるからこそ、境内地としてこの場所が選ばれたのだそうです。倭武天皇の伝説は『常陸国風土記』に数多く残されていて、倭武天皇と常陸国（現・茨城県）は深い関係があったとされます。

　そして、手塚先生と総社宮がある石岡市にも、深い縁があります。これまた有名な作品に『陽だまりの樹』がありますが、主人公の手塚良庵は、手塚先生のご先祖。石岡市にあった府中松平藩の藩医だったのです。手塚良庵は、父・良仙らと江戸に種痘所を開設するなど、医療に功績を残しました。『陽だまりの樹』は令和3年で連載開始40周年を迎え、総社宮ではコラボ御朱印が年末まで期間限定で授与されます。

常陸国総社宮

住所　茨城県石岡市総社2-8-1
授与時間　9:00～17:00
交通　JR石岡駅から徒歩20分
電話　0299-22-2233
郵送での授与可
公式HPから

『火の鳥』とのコラボ絵馬は、ヤマトタケルと神輿の２種類があります。
神輿は総社宮の例大祭で用いられる大神輿で、屋根に鳳凰がお飾りされています。

第二章
ご利益に合わせて願う絵馬

ここからは、縁結び、学業、金運、厄除けなど、
ご利益別に絵馬をご紹介します。
それぞれの絵馬の由来に思いを馳せながら、
自分の願い事に合った絵馬を探してみましょう。

縁結び・恋愛成就

ご利益

縁結び

東京都
[台東区]
今《いま》戸《ど》神《じん》社《じゃ》

招き猫が縁を結ぶ
恋愛成就の
パワースポット！
成就
寿
今戸神社
えんむすび
今戸神社

東京・浅草エリアにある今戸神社は、縁結びのご利益で知られ、招き猫ともゆかりのある神社。絵馬には2匹の招き猫が描かれています。「えんむすび」の絵馬はお願い用、「成就」の絵馬はお礼用の絵馬です。丸い形は、角が立たずに縁（円）を結ぶという願いが込められています。恋愛成就はもちろん、仕事運や金運などのご縁も結んでくれるのだそう。

境内にはナミちゃんという白い猫がときどきやってきます。その姿はまるで招き猫の化身！　ナミちゃんに会えると幸せになるともいわれているそうです。

今戸焼と招き猫

神社がある今戸は、今戸焼という焼き物の産地。江戸時代には招き猫をはじめとした土人形が多く作られ、江戸っ子に大人気だったのだそう。境内にはなでると福を招いてくれる「石なで猫」があり、参拝者を迎えてくれます。

神社・周辺情報

境内のいたるところに招き猫の置物や、猫にまつわるグッズが置かれています。宝探しのように、猫たちを探してみるのもおすすめ。授与所には猫モチーフのお守りやおみくじ、御朱印帳が並び、猫好きにうれしいスポットとなっています。

住所	東京都台東区今戸1-5-22
授与時間	9:00～17:00
交通	各線浅草駅から徒歩15分
電話	03-3872-2703

ご利益

恋愛成就

京都府
［京都市］

赤《せき》山《ざん》禅《ぜん》院《いん》

住所 京都府京都市左京区修学院開根坊町18
授与時間 9:00〜16:30
交通 叡山電車修学院駅から徒歩20分
電話 075-701-5181

運命の人に
出会えるよう
神秘的な絵馬に
お願いを。

京都の表鬼門を守護するお寺として知られる赤山禅院には、不思議な形をした絵馬があります。描かれているのは、太陽と星座と月、そしてつがいのおしどり。名前を「おしどり絵馬」といいます。

赤山禅院の御本尊である赤山大明神は、中国の赤山にあった泰山府君《たいさんぶくん》を勧請したもので、日本では陰陽道の祖神《おやがみ》になりました。境内には多様な社殿やお堂があることでも知られ、縁結びの相生社もそのひとつです。おしどり絵馬はこの相生社の絵馬。絵馬の裏側には、「男星名」「女星名」と書かれたカップルの名前を記入する欄があります。陰陽道の神様をお祀りするお寺ならではの絵馬だったんですね。

お寺にまつわる授与品

右の絵馬には、御本尊の赤山大明神のお姿と、右手に御幣（ごへい）、左手に鈴を持った「鬼門除けの猿」が描かれています。左の絵馬は梵字のみが記されている珍しい絵馬。「福禄寿神お姿みくじ」というかわいいおみくじもあります。

寺院・周辺情報

赤山禅院の拝殿の屋根には、金網に入った猿の像が置かれています。猿（申）は鬼門とは逆の西南西を指し、邪気を払う力があるとされます。鬼門除けの猿がなぜ金網に入っているかというと、夜になると暴れていたずらをしたからだそう。

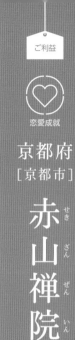

願いごと
紅白の糸を
きゅっと結んで
良縁祈願!

ご利益

縁結び

京都府
[京都市]

下《しも》鴨《がも》神《じん》社《じゃ》 相《あい》生《おいの》社《やしろ》

京都最古の神社のひとつ、下鴨神社の境内には、縁結びのお社として信仰を集める相生社があります。お社のそばには「連理《れんり》の賢木《さかき》」という御神木がお祀りされています。連理の賢木は2本の木が途中から1本に結ばれている不思議な木で、さまざまな良縁を結んでくださいます。

縁結び絵馬の奉納には特別な作法があります。絵馬に願い事を書いたら、裏側の赤と白の糸を良縁を願って結びます。絵馬を持って相生社の正面に進み、女性はお社に向かって右回り、男性は左回りでお社を2周。3周目の途中で、絵馬掛けに奉納します。正面に戻ってお社にお参りし、連理の賢木にもお参りをして無事終了です。

住所 京都府京都市左京区下鴨泉川町59
授与時間 9:00～17:00
交通 JR京都駅からバス30分／阪急河原町駅からバス15分
電話 075-781-0010

良縁のお守り

相生社の授与所のみで授けられる「結守(ゆいまもり)」は、織りリボンを手作業で結んだお守り。後ろ側にピンズが付いていて、身近なものに付けることができます。夫婦やカップル、友達同士など、「ご縁が永く続くように」願いましょう。

神社・周辺情報

下鴨神社の正式名は賀茂御祖(かもみおや)神社。御祭神は賀茂建角身命(かもたけつぬみのみこと)と玉依媛命(たまよりひめのみこと)です。御祭神がお祀りされる両本殿は国宝に指定され、境内全域が世界遺産に登録されています。

ご利益

縁結び

京都府
［京都市］

野《のの》宮《みや》神《じん》社《じゃ》

神紋である「葵の葉」の形をしています。

野宮は、天皇のかわりに伊勢神宮にお仕えする斎王《さいおう》が、伊勢に向かう前に身を清められたところ。『源氏物語』には、斎王となった娘と暮らす六条御息所《ろくじょうみやすんどころ》を、光源氏が訪ねる場面が登場します。お互い心を残しつつも、別れを選んだ切ない気持ちが、野宮という特別な場所によってさらに際立ちます。

現在の野宮神社は、良縁、子宝、学問の神様として信仰を集めています。特に縁結びと恋愛成就のパワースポットとして、若い女性に人気です。境内には、こちらの絵馬と同じデザインの大絵馬が、たくさんの奉納木とともに飾られています。願い事を書いた絵馬は、野宮大黒天の絵馬掛けに奉納しましょう。

住所	京都府京都市右京区嵯峨野宮町1
授与時間	9:00～17:00
交通	JR嵯峨嵐山駅から徒歩10分
電話	075-871-1972

郵送での授与可

公式HPから

“いとあはれ”な絵馬

授与所には王朝ロマンを感じる絵馬やお守りが並びます。こちらの絵馬は、平安時代の高貴な女性が描かれた招福絵馬。背景には竹林と牛車が描かれています。神社の付近一帯が有名な嵯峨野の竹林であり、散策するのもおすすめです。

神社・周辺情報

野宮神社の鳥居は黒い色をしています。黒木鳥居といい、皮が付いたままのクヌギの木が使用されています。黒木鳥居は日本最古の鳥居の様式なのだそう。境内を囲うクロモジの小柴垣とともに、人気のスポットとなっています。

ハートの絵馬大集合

ハートの形は、縁結び、恋愛成就、かわいいのシンボル！
フォトジェニックなハートの絵馬を紹介します。

江島神社《えのしまじんじゃ》の恋むすび・縁むすび絵馬

ハートの中に自分の名前と、好きな人の名前を書いて奉納します。ピンクに彩られた絵馬掛けは、SNSでも人気のスポットとなっています。

住所：神奈川県藤沢市江の島2-3-8
電話：0466-22-4020

三光稲荷神社《さんこういなりじんじゃ》のハート絵馬

超シンプルなデザインに見えますが、こちらの絵馬が赤い絵馬掛けにかけられると、幻想的な光景を作り出します。

住所：愛知県犬山市犬山北古券41-1
電話：0568-61-0702

菅生神社《すごうじんじゃ》のルネガール絵馬

菅生神社がご鎮座する愛知県岡崎市は、マルチクリエーター内藤ルネさんの出身地。レトロかわいいデザインが、乙女心をわしづかみ。

住所：愛知県岡崎市康生町630-1
電話：0564-23-2506

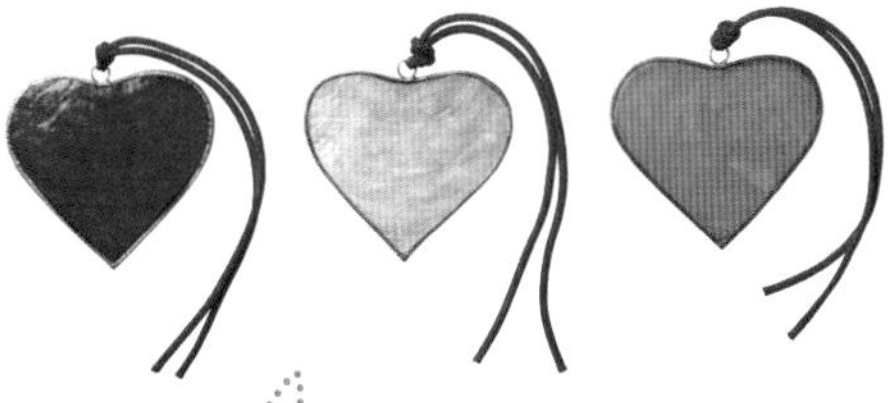

淡嶋神社《あわしまじんじゃ》のハート絵馬

透け感がある貝殻で作られた絵馬。願い事を書いて奉納しますが、持ち帰って神棚などにお飾りしてもよいそう。ピンク、白、赤の３種類あります。
電話：073-459-0043

夫婦大国社《めおとだいこくしゃ》の縁結び絵馬

夫婦大国社は春日大社の末社。日本で唯一ご夫婦の大國様をお祀りしています。絵馬にカップルでふたりの名前を並べて書くと、結婚できるという噂も！
住所：奈良県奈良市春日野町160
電話：0742-22-7788

日枝神社《ひえじんじゃ》の結び絵馬

絵馬に描かれているのは日枝神社の境内に置かれている「神猿像」をモチーフにしたキャラクター。絵馬の形は社紋の双葉葵の葉を表しています。葵の葉はハートにそっくり！
住所：東京都千代田区永田町2-10-5
電話：03-3581-2471

愛染寺《あいぜんじ》のはめ込み式絵馬

まず赤いハートとぴったり合う絵馬の本体を探しましょう。見つけたらハートの裏に願い事をひとつだけ書き、一心に想いを込めてはめ込んで完成させ奉納します。
住所：石川県加賀市片山津温泉11-3-5
電話：0761-74-0169

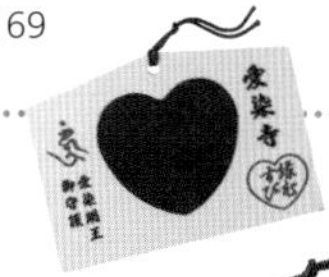

ひとくちメモ

神様や仏様にわかっていただけるよう、名前は正確に、願い事ははっきりと書きたいもの。好きな人のことを書くのは勇気がいりますが、書くことによって強い想いを表すことができます。字は丁寧に、心を込めて書きましょう。社寺によっては目隠し用のシールをいただける場合があります。

恋するきつねに
すてきな良縁を
願います。
玉造いなり

ご利益

縁結び

大阪府
［大阪市］

玉《たま》造《つくり》稲《いな》荷《り》神《じん》社《じゃ》

古代、玉造稲荷神社の付近一帯は、勾玉《まがたま》などを作る玉作部《たまつくりべ》の居住地になっていました。地名である「玉造」の由来ともいわれています。神社のご神徳は、商売繁盛、家内安全、心身の安定など多岐にわたります。縁結びもそのうちのひとつ。

2匹のきつねが仲良く寄り添うこの絵馬は、「恋キツネ絵馬」といいます。2匹の間がハート形になっているという凝ったデザイン。男性は大きいきつねの背面に自分の名前を、小さいきつねの背面に良縁の願い事を書きます。女性は自分の名前を小さいきつねのほうに。恋人や夫婦は大きいきつねと小さいきつね両方にそれぞれ名前を書いて、絵馬掛けに奉納します。

住所	大阪府大阪市中央区玉造2-3-8
授与時間	9:00～17:00
交通	JR玉造駅または森ノ宮駅から徒歩５分
電話	06-6941-3821

神秘的なネコ目石

こちらは５色のネコ目石が連なった「勾玉五連守」。青は学業、ピンクは恋愛、緑は仕事、赤は災難除け、黄は金運のご利益があるそうです。玉造稲荷神社は「難波・玉造資料館」を併設していて、玉作りの歴史を知ることができます。

神社・周辺情報

近世になると、玉造稲荷神社は大坂城の鎮守神としてお祀りされるようになりました。豊臣秀頼公と母・淀殿の崇敬が特に篤かったのだそう。境内には秀頼公の銅像があり、秀頼公奉納鳥居や千利休を偲ぶ利休井などの史跡もあります。

ご利益

縁結び

島根県
[出雲市]

出《いづ》雲《も》大《おお》社《やしろ》

ありとあらゆる
ご縁にご利益が!

出雲大社の御祭神である大国主大《おおくにぬしのおお》神《かみ》は、「縁結びの神様」として古くから人々に慕われてきました。縁結びというと「恋愛成就」がまず頭に浮かびますが、大国主大神が結んでくださるご縁はもっと広く、人々を取り巻くあらゆるつながりのことを指します。こちらの「縁結絵馬」にはお雛様と、赤と白の結び目が描かれています。紅白は縁起のよい色で、縁結びにも通じます。

旧暦の10月は全国の八百万の神々が、大国主大神のもとに集まる月で、出雲では「神在月《かみありづき》」と呼びます。神々はこの地で「縁結びの神議《かみはか》り」をなされます。神議りとは、神々による会議のこと。この期間中、出雲大社では神在祭がとりおこなわれます。

住所 島根県出雲市大社町杵築東195
授与時間 7:00〜18:00
交通 一畑電鉄出雲大社前駅から徒歩10分/JR出雲市駅からバス30分
電話 0853-53-3100

郵送での授与可
公式HPから

お守りを身近に

「幸縁むすびストラップ」は、縁結絵馬とおそろいのお守り。紅白のひもに、小さな絵馬が付いています。ほかにも、裁縫に使って良縁を願う「縁むすびの糸」や、カップルで使える「縁結び箸」など、いろんな縁結びのお守りがあります。

神社・周辺情報

境内には見どころがたくさん。そのひとつが、「因幡の素兎(しろうさぎ)」にまつわるもの。大国主大神がうさぎに手を差し伸べる像や、ユーモラスな仕草をしたうさぎの像がたくさんあり、うさぎ好きの憧れの地ともなっています。

ご利益

縁結び

愛媛県
[松山市]

圓《えん》満《まん》寺《じ》

この思い
椿の俳句に

圓満寺には、「湯の大地蔵尊」と呼ばれる、びっくりするほどカラフルなお地蔵様がご鎮座しています。その昔、道後温泉の湯が止まったときに、人々がお地蔵様に祈願すると再び湯が湧き上がったのだそう。現在は夫婦円満・恋愛成就のお地蔵様としても親しまれています。

圓満寺には「えまたま」という湯玉の形をした絵馬があります。松山市の市花である「椿」をお題にした俳句が書かれていて、空欄の部分に自分や大切な人の名前を書きます。俳句の町、松山ならではですね。恋愛成就や家庭円満など、良縁を祈願する俳句絵馬となっています。同じ形で自由に願い事を書きこめる無地の「えまたま」もあります。

色とりどりの「お結び玉」

お結び玉は大地蔵尊が左手に持つ湯玉をモチーフにした授与品で、地元の方の手作り。お結び玉を左手に乗せて願い事をし、境内に結びます。持ち帰ってもよいそう。境内に結ばれたお結び玉は、SNSでも人気のスポットとなっています。

寺院・周辺情報

本堂手前の地蔵堂内にある「湯の大地蔵尊」は高さが3.67メートル、奈良時代の高僧、行基の作と伝わります。絵馬、お結び玉などの授与品は地蔵堂内で受けられます（季節などにより開堂時間が変わる場合があります）。

住所 愛媛県松山市道後湯月町4-49
授与時間 8:00～18:00
交通 伊予鉄道道後温泉駅から徒歩７分
電話 089-946-1774

美人・美髪祈願

ご利益

美人

神奈川県

［藤沢市］

江《えの》島《しま》神《じん》社《じゃ》

きれいに
なりたい気持ちは
妥協できません！

縁結びのご利益で知られる江島神社。奥津宮《おくつみや》、中津宮《なかつみや》、辺津宮《へつみや》の三社からなり、三姉妹の女神様が御祭神です。なかでも、市寸島比賣命《いちきしまひめのみこと》がお祀りされている中津宮は、「美しい恋がしたい」と願う、美人祈願のパワースポットとして注目を集めています。

中津宮では、この「美人祈願絵馬」を授けていただけます。絵馬には美容のご利益を表す5つのシンボルが描かれています。右上から美髪、美白、美肌、美形、美笑となっていて、どれも手に入れたいものばかり。また背景にあしらわれたマークは、「きれいになりたい」と願う気持ちの象徴として、弁財天様の羽衣をイメージした中津宮独自のものなのだそうです。

よくばってもいいんです

中津宮のみで受けられる「よくばり美人守」。ベースとなるストラップに、叶えたい願い事のチャームを足していきます。チャームは美人祈願絵馬のご利益と同じで5種類あります。お参りするたびに足していくのも楽しいですね。

神社・周辺情報

江島神社は弁財天を祀る神社。辺津宮の境内にある奉安殿には、八臂（はっぴ）弁財天と妙音（みょうおん）弁財天が奉安されています。妙音弁財天は日本三大弁財天のひとつ。裸のお姿で琵琶を持っておられることでも知られます。

住所　神奈川県藤沢市江の島2-3-8
授与時間　8:30～17:00
交通　小田急片瀬江ノ島駅から徒歩20分
電話　0466-22-4020
郵送での授与可
公式HPから

ご利益

美麗祈願

京都府

［京都市］

河《か》合《わい》神《じん》社《じゃ》（下《しも》鴨《がも》神《じん》社《じゃ》内）

絵馬を
きれいにお化粧して
今よりもっと
美しく。
日本第一美麗神
河合神社

下鴨神社の摂社、河合神社は女性守護のご神徳があるお社です。御祭神の玉依姫命《たまよりひめのみこと》が玉のように美しいことから、美麗の神様として信仰を集めてきました。

河合神社には手鏡の形をした「鏡絵馬」があることでも有名です。絵馬に描かれた顔に、普段使っているメイク道具でお化粧します。絵馬を自分の顔に見立てて、きれいな表情になるようメイクしましょう。メイク道具がない場合は、色鉛筆を貸してくださるそうです。朱く塗られた絵馬の裏側には、下鴨神社の神紋である葵《あおい》が記されています。この面に願い事を書き、外見だけでなく内面も美しくなるよう、美麗祈願いたしましょう。

住所	京都府京都市左京区下鴨泉川町59
授与時間	9:00～17:00
交通	JR京都駅からバス30分／阪急河原町駅からバス15分
電話	075-781-0010

美しいお守りをお土産に

光にかざすと美しく透ける、大人気のレースのお守り。葵と藤の紋様の刺繍が施されています。ご利益は開運招福。下鴨神社西授与所、相生社授与所、河合社授与所の３カ所で授けていただけます。

神社・周辺情報

河合神社の本殿そばにはたくさんの鏡絵馬が奉納されています。また、『方丈記』の著者である鴨長明が、河合神社の禰宜の息子であったことから、晩年の住居を復元した「方丈の庵」が河合神社の近くに展示されています。

ご利益

髪

京都府
[京都市]
御《み》髪《かみ》神《じん》社《じゃ》

美しい髪と
髪型は今も昔も
みんなの憧れ。

御髪神社は日本でただひとつの「髪」の神社です。御祭神は藤原采《うね》女亮政之《めのすけまさゆき》公。日本の「髪結い職」の始祖といわれ、鎌倉時代に実在した人物です。昭和のはじめまで、全国の理・美容業者は、政之公のご冥福をお祈りするため、ご命日の17日を毎月の定休日としました。

　御髪神社の絵馬は櫛の形をしています。理・美容業界の崇敬を集める神社ですが、絵馬への願い事は「フサフサになりますように」といった髪の毛にまつわることが多いそう。

　境内にはその場で髪を切って奉納する髪塚があります。奉納した髪は神社で大切に護られ、美しい髪とともに健康で幸せでいられるよう、祈願していただけます。

髪を大切に

小さなハサミの形をした「匠守」は、理・美容師さんに人気のお守り。化粧箱入りで、高級感のあるお守りです。これから理・美容師になろうとしている人への贈り物にもいいですね。ほかにも髪にご利益のあるお守りが授与所に並びます。

神社・周辺情報

御髪神社は百人一首にも詠まれている京都嵯峨野の小倉山のふもとにあります。神社のそばには小倉池があり、近年は蓮が群生する名所としても知られています。絶景スポットの竹林からも近く、嵯峨野の風情を味わうことができます。

住所　京都府京都市右京区嵯峨小倉山田淵山町10-2
授与時間　10:00〜15:00（不定休）
交通　嵯峨観光鉄道トロッコ嵐山駅からすぐ
電話　075-882-9771
郵送での授与可
公式HPから

ご利益

美人

大阪府
［大阪市］

お初《はつ》天《てん》神《じん》

内面から
にじみ出る美しさが
美人をつくる！

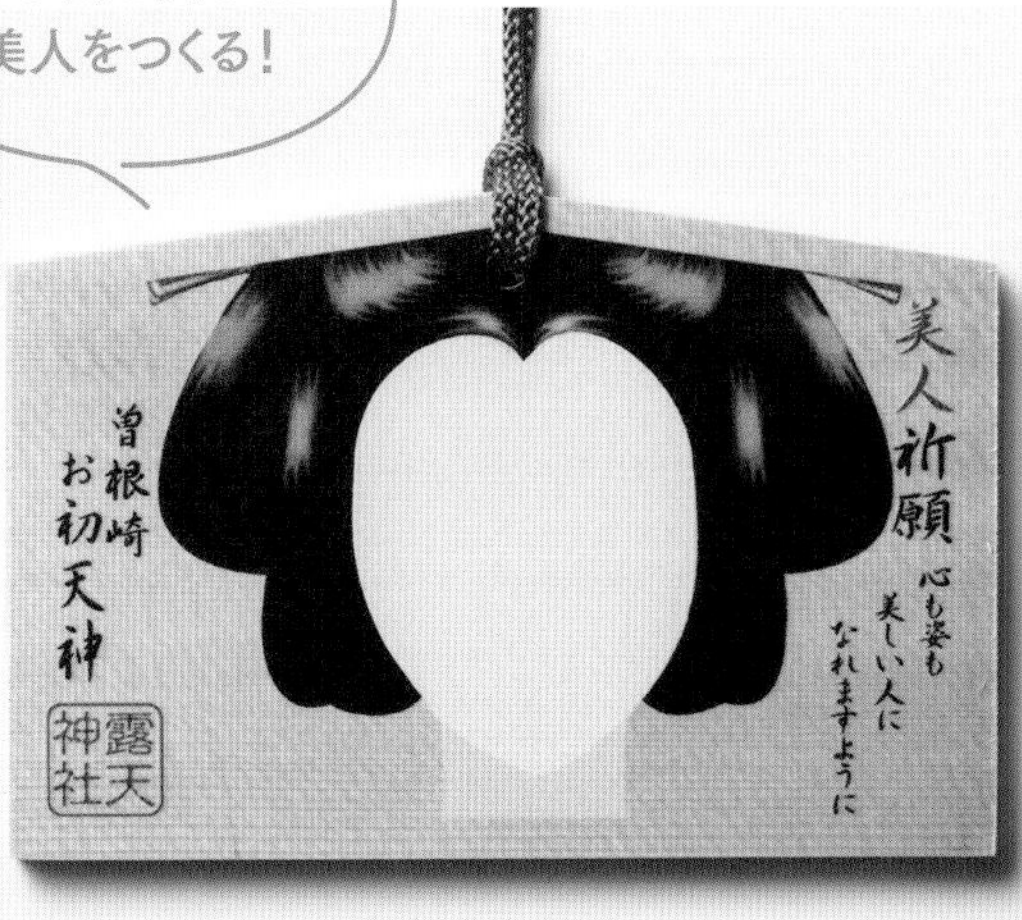

大阪・梅田にご鎮座するお初天神。正式な名前を露天神社《つゆのてんじんしゃ》といいます。お初天神の呼び名は、江戸時代に大流行した「曽根崎心中」の舞台となったことから。当時、老若男女が神社に大勢押しかけたそうです。物語の主役はお初と徳兵衛。愛し合うふたりはこの世では一緒になれませんでしたが、ふたりが永遠の愛を誓ったこの地に、恋愛成就を願う人が今でも後をたちません。

縁結びで有名なお初天神に、美人祈願の絵馬があります。描かれているのはもちろんお初。お顔の部分に自由に顔を描き、心も姿も美しい、真の美人になれるよう願います。晴れて真の美人となって、すてきな恋をいたしましょう。

お初と徳兵衛の縁結び絵馬

お初天神ならではの縁結びの絵馬も人気です。こちらはお初と徳兵衛が寄り添うシーン。「お初・徳兵衛　恋の手本となりにけり」と書かれています。日々一緒にいられることがどんなにすばらしいかを、ふたりが教えてくれています。

神社・周辺情報

お初天神の境内末社にあたる開運稲荷社は、皮膚病治癒のご神徳があることでも知られています。古くは皮膚病平癒を願って「なまず」の絵馬が多数奉納され、お百度を踏む人々で混み合うほどだったそうです。

住所	大阪府大阪市北区曽根崎2-5-4
授与時間	9:00～18:00
交通	JR大阪駅または各線梅田駅から徒歩５～10分
電話	06-6311-0895

COLUMN

川越《かわごえ》氷《ひ》川神社《かわじんじゃ》の縁むすび風鈴

たくさんの人たちの願いが込められた場所は、それ自体がすでにパワースポットなのかもしれません。そしてそこが美しい場所であると、思わず胸が高鳴ってしまいます。

　縁結びのご利益で知られる川越氷川神社では、夏の期間「縁むすび風鈴」という祭事がおこなわれます。期間中、境内の「風鈴回廊」には、2000個もの風鈴が飾られます。風鈴に下げられているのは「願いごと短冊」。短冊は木で作られていて、授与所で受けることができます。ゼリー菓子のように美しい風鈴は、職人さんによって作られた江戸風鈴。好みの色の風鈴に、願い事を書いた短冊を吊るして奉納します。

「昔の日本人は、風が祈りや願いを神様に届けてくれると信じていました」と話すのは、氷川神社の神職さん。風は目には見えませんが、風鈴がチリンチリンと鳴ることで、その存在を知ることができます。風鈴の音色は、神様に願いが届いた合図なのかもしれません。

　氷川神社がある川越は、「小江戸川越」と呼ばれて歴史情緒を感じさせる町。着物のレンタルショップもあり、境内には浴衣のカップルがたくさんお参りされていました。風鈴回廊を浴衣で歩くその姿は、ため息が出るほど絵になるのであります。

川越氷川神社

住所　埼玉県川越市宮下町2-11-3
授与時間　8:00～18:00
交通　JR・東武川越駅または西武本川越駅からバス10分
電話　049-224-0589

令和３年の縁むすび風鈴は７月３日から９月５日までおこなわれました。
夜は20時までライトアップされるのだそう。祭事後の納め式で短冊はお焚き上げをしていただきます。

安産・子育て・家庭円満

ご利益

子育て　安産

東京都［北区］
七《なな》社《しゃ》神《じん》社《じゃ》

子供を守る
狛犬が安産と
子育てのまあるい
絵馬に。

七社神社は、かの渋沢栄一翁が氏子であったことでも知られます。拝殿の正面には、渋沢翁が揮毫《きごう》した社名額が掲げられています。七社神社のある西ケ原《にしがはら》に居を構えた渋沢翁は、地元の人々とのつながりを大事にしていたそうです。

この神社の狛犬は、明治26年に奉納されたもの。狛犬の足元をよく見てみると、雄も雌も子供を守っています。雄と雌両方が子供を守る狛犬は珍しいそうで、「子守犬」とも呼ばれています。この「円満こま犬絵馬」の狛犬も、大事に子供を抱っこしています。かわいい絵柄は、イラストレーターの川瀬ホシナさんによるもの。子宝、安産、子育て、家庭円満の願いが込められています。

渋沢翁ゆかりの絵馬

グランド・オールド・マン（偉大な老紳士）こと、渋沢翁のシルエットを記した「成功・発展絵馬」。日本近代資本主義の父ともいわれる渋沢翁にあやかって、仕事がうまくいくよう願い事をする人が多いそうです。

神社・周辺情報

七社神社の拝殿の両側には、八重桜の木が植えられています。向かって右側が福禄寿、左側が御衣黄（ぎょいこう）という品種です。御衣黄は緑色をした珍しい桜。両方の桜が裏と表に描かれた「八重桜絵馬」も人気の絵馬となっています。

住所　東京都北区西ケ原2-11-1
授与時間　9:00〜17:00
交通　地下鉄西ケ原駅から徒歩２分
電話　03-3910-1641

ご利益

子授け

東京都［豊島区］

鬼《き》子《し》母《も》神《じん》

妊活中の
人からも人気！
古式ゆかしい
ざくろの絵馬。

安産と子育《こやす》の神様として信仰されてきた東京・雑司が谷の鬼子母神。ざくろの絵馬は、子授けと安産を願う絵馬です。黒い枠が付いた昔ながらの絵馬で、ざくろのデザインがかわいいと人気です。ざくろはたくさん実を付けることから、多産の象徴であるともいわれます。

鬼子母神には有名なお話があります。その昔、近隣の子供をとって食べていた鬼子母神は、人々に恐れ憎まれていました。お釈迦様はその過ちから救うため、鬼子母神の末の子を隠します。鬼子母神は嘆き悲しみ、それまでの過ちを悟るのです。お釈迦様に帰依した鬼子母神は、安産と子育の神となることを誓い、人々に崇敬されるようになりました。

住所	東京都豊島区雑司が谷3-15-20
授与時間	9:00〜16:00
交通	地下鉄雑司が谷駅から徒歩５分
電話	03-3982-8347

郵送での授与可

電話で問い合わせを

鬼子母神参りのお土産に

「すすきみみずく」は江戸時代から伝わる鬼子母神の参拝土産。母親の薬代に困った孝行娘が鬼子母神に願をかけると、夢にお告げ現れて、すすきみみずくを作って売ることを教えたと伝わります。（日本玩具博物館・尾崎織女氏より提供）

寺院・周辺情報

鬼子母神がお祀りされている鬼子母神堂は、威光山法明寺の山内にあるお堂です。御本尊の鬼子母神像が菩薩形の美しいお姿をしていることから、特に角（つの）がつかない鬼の字の鬼子母神としているそうです。

ご利益

家内安全　子育て

京都府
［京都市］

剣《つるぎ》神《じん》社《じゃ》

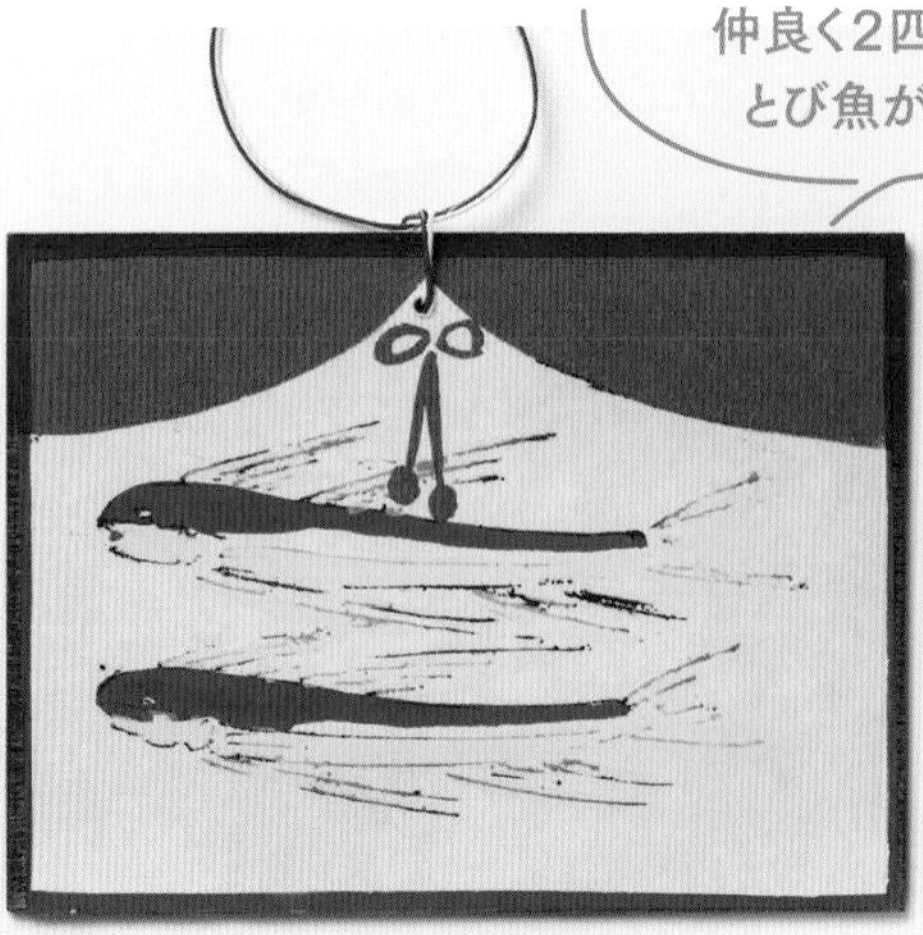
木版画で
刷られた絵馬には
仲良く2匹の
とび魚が。

「剣《つるぎ》さん」の呼び名で親しまれる剣神社には、絵馬コレクターに人気の珍しいとび魚の絵馬があります。ひとつひとつ紙に刷られた木版画の絵馬は、神社の方によってすべて手作りされています。仲良く並んだ2匹のとび魚は、夫婦和合を表しています。

剣神社には、願い事が叶うまで「とび魚を食べない」という願掛けがあります。願いが叶えば、とび魚の絵馬を奉納してお礼の気持ちを伝えます。昔は本物のとび魚が神社に奉納されることもあったとか。子供の健康の守護神、疳《かん》虫封じの神様として、京都の人々に昔から慕われてきた剣神社。とび魚の絵馬がこれからもずっと続いていきますように。

あごだしはOK？

「とび魚断ちのとき、あごだしは食べてもいいですか？」と質問されると、「お魚の形をしていなければ大丈夫ですよ」とお答えしているとのこと。ちなみにこの風習からか、この地域ではとび魚を食べる習慣があまりないそうです。

神社・周辺情報

11月の「三疳（みかん）封じ火焚祭」では、神前で焼かれた焼きみかんの授与があります。このみかんを食べると、冬の間風邪を引かないといわれています。また、境内には神経痛封じや病気平癒のご利益がある「撫で石」があります。

住所	京都府京都市東山区今熊野剣宮町13
授与時間	6:00～17:00
交通	JR・京阪東福寺駅から徒歩15分／バス停「泉涌寺道」または「今熊野」から徒歩7分
電話	075-561-3738

ご利益

安産　子授け

京都府
［京都市］

三《み》嶋《しま》神《じん》社《じゃ》

子授け祈願には
2匹のうなぎ、
安産祈願には
3匹のうなぎ。

三嶋神社の絵馬にも魚が描かれています。こちらはとび魚ではなく、うなぎです。うなぎは三嶋大明神のお使いであるといわれています。

うなぎが2匹描かれた絵馬は、子授けの絵馬。2匹のうなぎは夫婦を表しています。うなぎが3匹並んだ絵馬は、安産の絵馬。夫婦と子供を表していて、家庭の安泰を願います。夫婦円満には子授け祈願の絵馬を、家庭円満には安産祈願の絵馬を奉納しましょう。

こちらの神社にも、願いが叶うまでうなぎを食べてはいけないという風習があります。また、うなぎ業界の人々からも崇敬を集め、毎年10月にはうなぎの供養がおこなわれます。

毎年変わる縁起絵馬

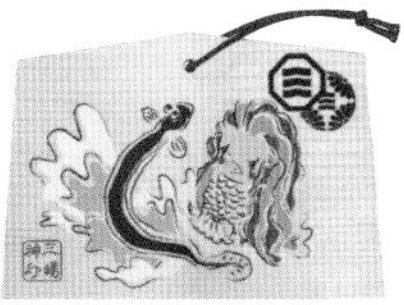

三嶋神社には毎年絵柄が変わる「縁起絵馬」があります。令和２年の絵馬には、うなぎとアマビエが描かれています。縁起絵馬のご利益は、商売繁盛などの諸祈願とのこと。なお、三嶋神社の授与所は本宮近くの社務所にあります。

神社・周辺情報

三嶋神社の本宮は住宅地の一角にある小さな社殿ですが、古い歴史をもち、後白河天皇や建礼門院、牛若丸にもゆかりのある神社です。祈願所は同じ東山区の瀧尾神社の境内にあり、ここでもうなぎの絵馬やお守りを受けることができます。

住所 ［本宮］京都府京都市東山区東大路通東入上馬町3
［祈願所］京都府京都市東山区本町11-718（瀧尾神社内）
授与時間 9:00〜17:00
交通 京阪清水五条駅から徒歩17分／バス停「馬町」から徒歩5分
電話 075-531-5012
郵送での授与可
電話で問い合わせを

うさぎの絵馬大集合

うさぎとゆかりのある神社の絵馬です。
キュートな絵馬は、ながめているだけで気持ちがほっこり。

三尾神社《みおじんじゃ》の開運絵馬

手水舎や狛うさぎ、提灯や屋根瓦など、境内のいたるところやいろいろなお守りまで、うさぎ尽くしで知られる三尾神社。絵馬には神紋である「真向きのうさぎ」が。

住所：滋賀県大津市園城寺町251
電話：077-522-3044

東天王《ひがしてんのう》 岡崎神社《おかざきじんじゃ》のうさぎ絵馬

神社のある周辺はその昔、野うさぎの生息地だったそう。神使いであるうさぎは安産の象徴でもあり、授与所にはうさぎのお守りが並びます。

住所：京都府京都市左京区
　　　岡崎東天王町51
電話：075-771-1963

鵜戸神宮《うどじんぐう》のうさぎ絵馬

にこにこ微笑むうさぎさんは、鵜戸神宮の神様のお使い。境内には「撫でうさぎ」があり、病気平癒や開運、飛翔などの願い事が叶うといわれています。

住所：宮崎県日南市大字宮浦3232
電話：0987-29-1001

白兎神社《はくとじんじゃ》の波にうさぎの絵馬

白兎神社には神話「因幡の白兎」に登場する白兎神がお祀りされています。医療、動物医療、縁結びのご利益で知られます。
住所：鳥取県鳥取市白兎603
電話：0857-59-0047

三輪神社《みわじんじゃ》のうさぎ絵馬

うさぎの顔を自由に描き込める絵馬です。絵馬掛けにはかわいいうさぎたちが大集合。なでると幸福になるという「幸せのなでうさぎ」も人気です。
住所：愛知県名古屋市中区大須3-9-32
電話：052-241-7468

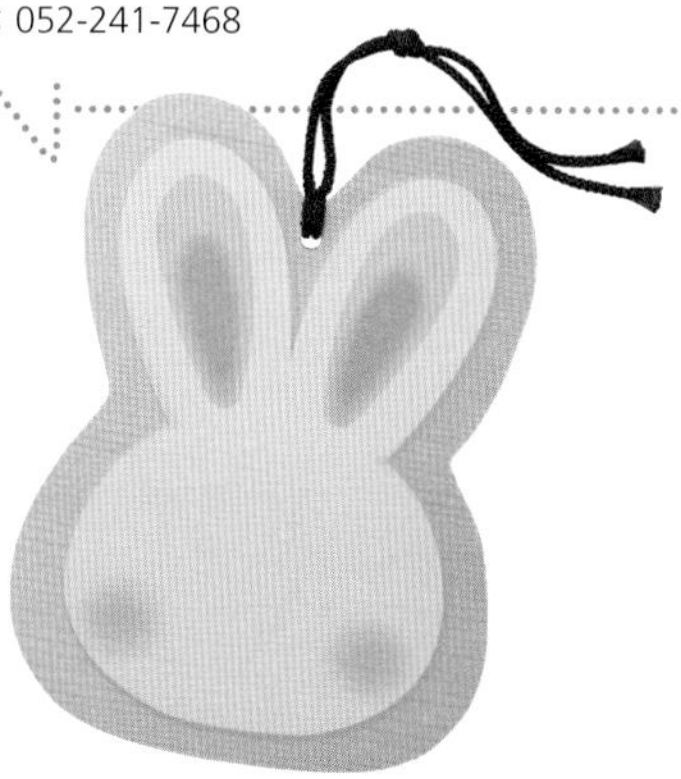

大神神社《おおみわじんじゃ》のえんむすび祈願絵馬

三輪山をご神体とする大神神社は、原初の神祭りを伝える神社。神社とうさぎの縁は深く、境内には夫婦円満のご利益がある「夫婦岩」があります。
住所：奈良県桜井市三輪1422
電話：0744-42-6633

大洗磯前神社《おおあらいいそさきじんじゃ》のうさぎ絵馬

大洗磯前神社の「神磯の鳥居」は、御祭神である大己貴命と少彦名命のご降臨の地といわれる絶景ポイント。こちらは御祭神ゆかりのうさぎ絵馬。
住所：茨城県東茨城郡大洗町磯浜町6890
電話： 029-267-2637

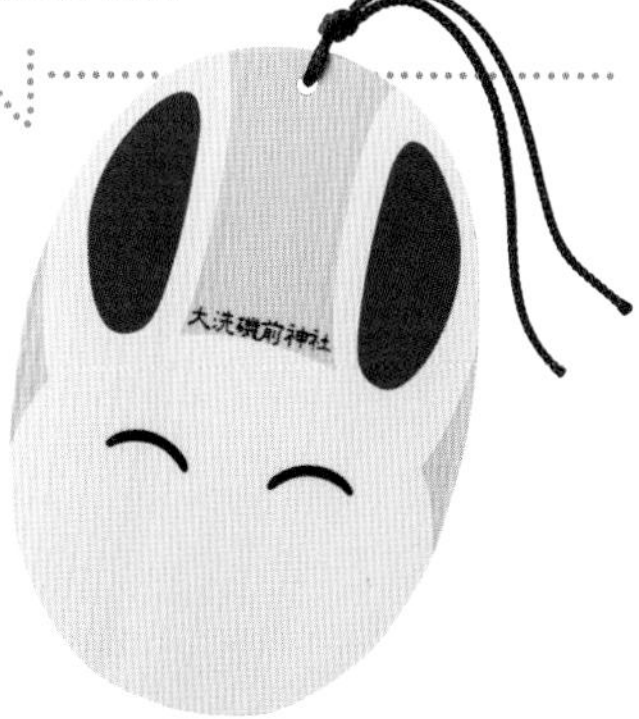

ひとくちメモ

うさぎは多産であることから、子授け・安産の象徴とされ、大国主命をお祀りする神社とも深い縁があります。また、御祭神が卯の年や日時、方角から現れたとされる神社や、御祭神の名前にうさぎが関係する神社もあります。うさぎゆかりの社寺は卯年生まれの人にはもちろん、うさぎ好きにとってもたまらないスポットとなっています。

ご利益

子供の成長　乳授け

大阪府
［大阪市］

四《し》天《てん》王《のう》寺《じ》 布《ほ》袋《てい》堂《どう》

「乳布袋」に
古くから伝わる
お母さんのための
絵馬。

四天王寺は聖徳太子によって建立された、日本仏法最初の官寺。広い境内にはいくつものお堂があり、布袋堂もそのひとつです。一説には、聖徳太子の乳母をこの地にお祀りしたともいわれています。「乳布袋」「おんばさん（お乳母さん）」とも呼び親しまれ、お乳の出がよくなるよう、多くの人が訪れます。

乳授けの絵馬は布袋堂に古くから伝わるもので、胸から勢いよくお乳が出ている絵柄が印象的。女性の表情もなんだかうれしそうです。昔は、布袋尊にお供えしたあんころ餅を食べるとお乳がたくさん出る、といった願掛けもあったとか。絵馬は乳授けだけでなく、安産、縁結び、家庭円満に霊験があるそうです。

胸にしのばせるお守り

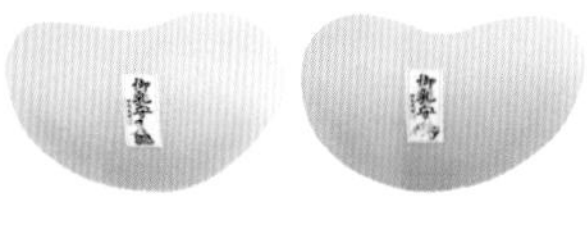

「御乳守（みむねまもり）」は、ずばりお乳のお守りです。お乳の病気からバストサイズのお悩みなど、お乳に関する願い事のご祈祷がされています。肌身離さず持っていられるよう、ブラジャーパッドになっているところが斬新！

寺院・周辺情報

布袋堂の前には「なでほてい尊」があります。お腹の「福」は福を呼び、背中の「黄金袋」は財を呼び、手に持つ「ひょうたん」は諸願成就を表すそう。布袋堂は大阪七福神のひとつ。各社寺で七福神めぐりの絵馬が受けられます。

住所	大阪府大阪市天王寺区四天王寺1-11-18
授与時間	8:30～16:00（10月～3月） 8:30～16:30（4月～9月）
交通	地下鉄四天王寺前夕陽ケ丘駅から徒歩5分／JR天王寺駅から徒歩12分
電話	06-6771-0066

ご利益

乳授け

和歌山県
[九度山町]

慈《じ》尊《そん》院《いん》

まあるいおっぱいに
願いを託そう!

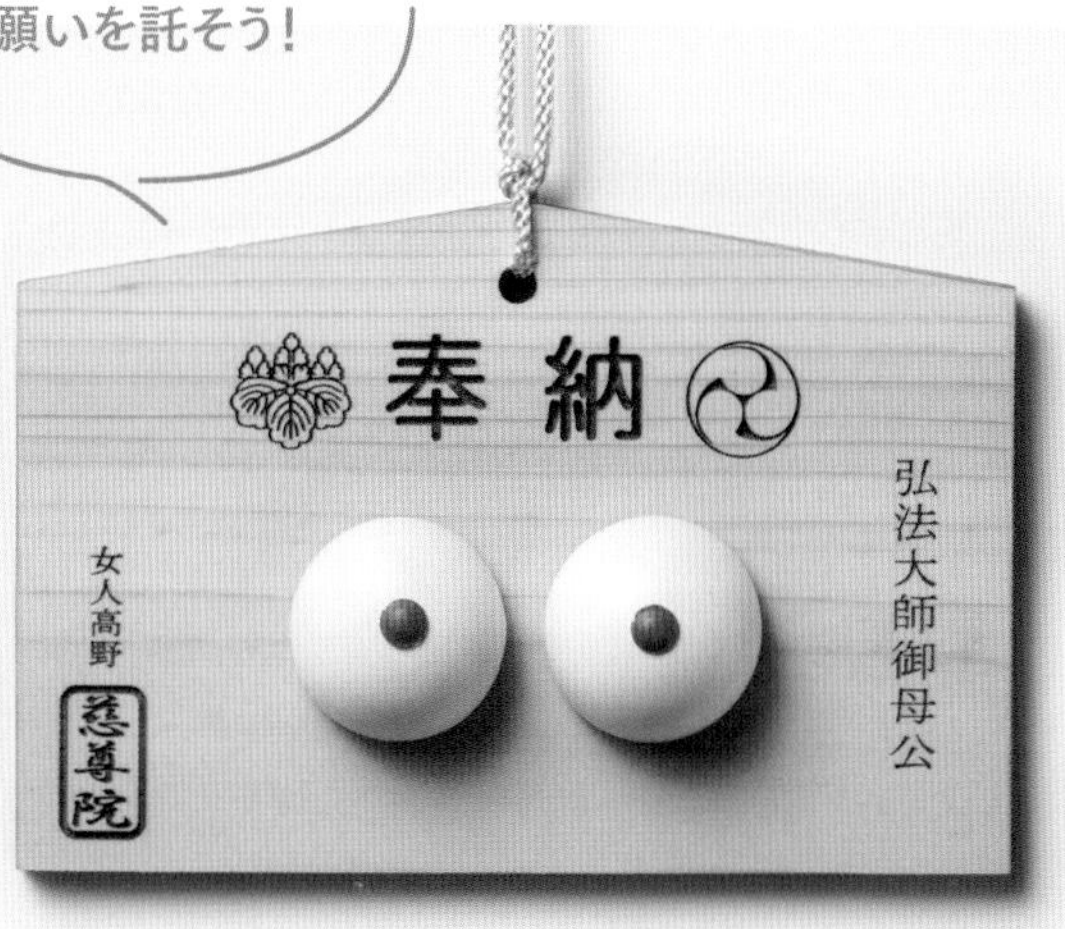

慈尊院は弘法大師の母公をお祀りするお寺。お寺のある九度山《くどやま》は、高野山の玄関口にあります。その昔、高野山は女人禁制とされていたため、慈尊院は女人高野として女性の信仰を集めてきました。

慈尊院にはおっぱいの形をした「乳房型絵馬」が、昔からたくさんお供えされてきました。絵馬には授乳だけでなく、子宝、安産、乳がん平癒などの願いが込められています。おっぱいは白い布に綿などを詰めて手作りされたものでしたが、すぐに奉納できるよう考案されたのがこちらの絵馬です。おっぱいをシールで絵馬に貼り、乳首の赤いシールをおっぱいに貼ります。おっぱいの絵馬は、女性にやさしい絵馬なのです。

住所 和歌山県伊都郡九度山町慈尊院832
授与時間 8:00〜17:00
交通 南海高野線九度山駅から徒歩20分
電話 0736-54-2214
郵送での授与可
公式HPから

女性に人気のお守り

ピンクの「乳がん平癒御守」は、患者の方と一緒に作られたものなのだそう。乳がんの早期発見、治療を啓発するピンクリボンがあしらわれています。左のお大師様の母公が刺繍されたお守りも、人気のお守りとなっています。

寺院・周辺情報

境内には「高野山案内犬ゴンの碑」があります。ゴンは慈尊院近くに住みついていた野良犬でしたが、いつしか慈尊院から高野山上の大門までの道案内をするようになりました。ゴンは亡くなった今でも、たくさんの人に慕われています。

ご利益

安産　子授け

香川県

［善通寺市］

金《こん》倉《ぞう》寺《じ》

ルビー色の
ざくろは
「おかるてんさん」の
象徴。

金倉寺の境内にある訶利帝堂《かりていどう》は、訶利帝母《かりていも》をお祀りするお堂です。訶利帝母は鬼子母神とも呼ばれる女神様。地元の人々からは「おかるてんさん」の愛称で親しまれています。子授けや安産、そして子供や女性の守り神として、古くから信仰されてきました。

この絵馬には、おかるてんさんの象徴である「ざくろ」が描かれています。おかるてんさんには５００人もの子供がいたと伝わります。ルビー色のつぶつぶ果実は、おかるてんさんの子供のようにも見えますね。

また、「柘榴香」という塗香《ずこう》も人気です。きめ細かな粉状になっていて、首筋などに塗るとざくろの香りがふんわり広がります。

背中から赤ちゃんを守る

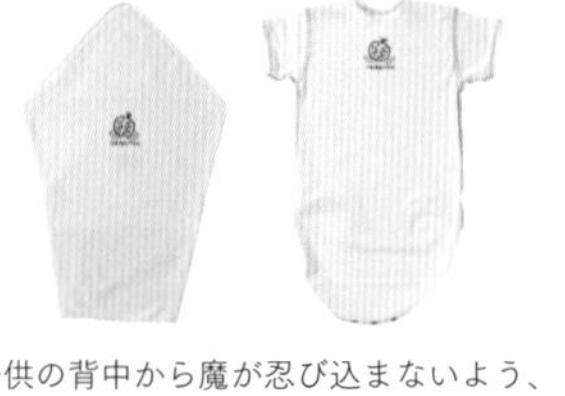

子供の背中から魔が忍び込まないよう、着物の背に縫い取りをする「背守り」という風習が昔からありました。金倉寺の「せまもり」には、おかるてんさんのざくろが刺繍されています。ロンパースとおくるみタイプの２種があります。

寺院・周辺情報

金倉寺には「乃木将軍妻返しの松」があります。乃木将軍が金倉寺に滞在中、東京から妻である静子夫人が訪ねてきました。けれども将軍は夫人と会おうとしませんでした。帰り道、夫人はこの松の下で佇んでおられたと伝わります。

住所　香川県善通寺市金蔵寺町1160
授与時間　7:00～17:00
交通　JR金蔵寺駅から徒歩8分
電話　0877-62-0845

郵送での授与可

公式HPから、または電話で問い合わせを

学業・合格祈願

天神様の絵馬大集合

天神様とは学問の神様、菅原道真公のこと。
天神様ゆかりの絵馬に、学業成就と合格のお願いを。

湯島天満宮《ゆしまてんまんぐう》の
牛乗天神開運絵馬

牛は道真公のお使いとされます。こちらは開運祈願の絵馬で、サインペン付きです。毎年１月から頒布している干支の絵柄の絵馬がなくなり次第、春頃から受けることができます。

住所：東京都文京区湯島3-30-1
電話：03-3836-0753

菅原院天満宮《すがわらいんてんまんぐう》の
出世・学業・合格の絵馬

菅原院天満宮は道真公がお生まれになったとされる社。丸い絵馬には出世を、五角形の道真公の絵馬（右が幼少、左が成人）には学業・合格を願います。

住所：京都府京都市上京区
　　　烏丸通下立売下る堀松町408
電話：075-211-4769

桜天神社《さくらてんじんしゃ》の牛の絵馬

道真公は生前、牛をたいへんかわいがられたそうです。こちらの絵馬に描かれた牛の表情は、道真公を慕っているようにも見えますね。

住所：愛知県名古屋市中区錦2-4-6
電話：052-231-4879

五條天神社《ごじょうてんじんじゃ》の鷽《うそ》絵馬

「鷽替え」という神事の授与品である鷽が描かれた絵馬です。五條天神社は医薬の神様をお祀りしているので、医療系の試験合格祈願が多いそう。
住所：東京都台東区上野公園4-17
電話：03-3821-4306

北野天満宮《きたのてんまんぐう》の祈願絵馬

全国天満宮の総本社である北野天満宮の絵馬掛けには「一願成就のお牛さま」があり、ひとつのことを願ってなでると、その願いが必ず叶うのだそう。絵馬にはサインペンが付いています。
住所：京都府京都市上京区馬喰町
電話：075-461-0005

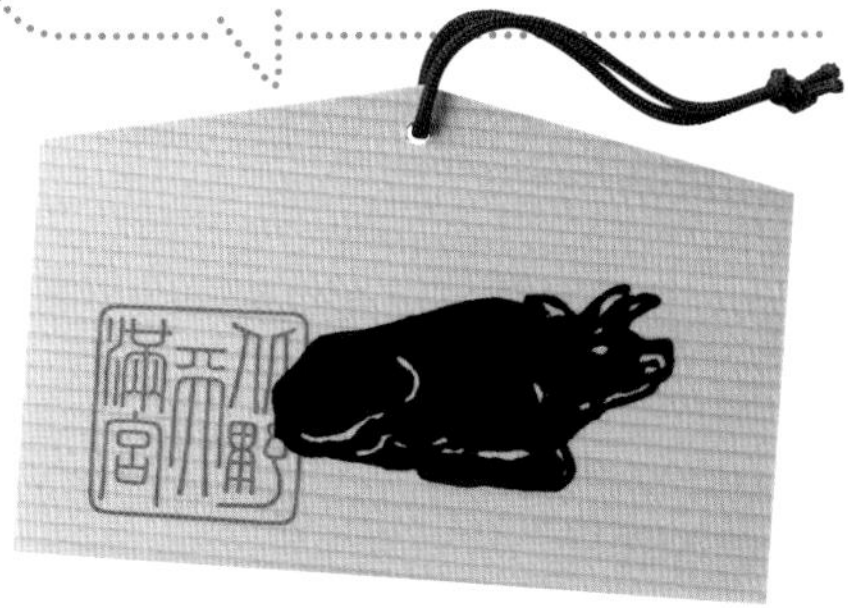

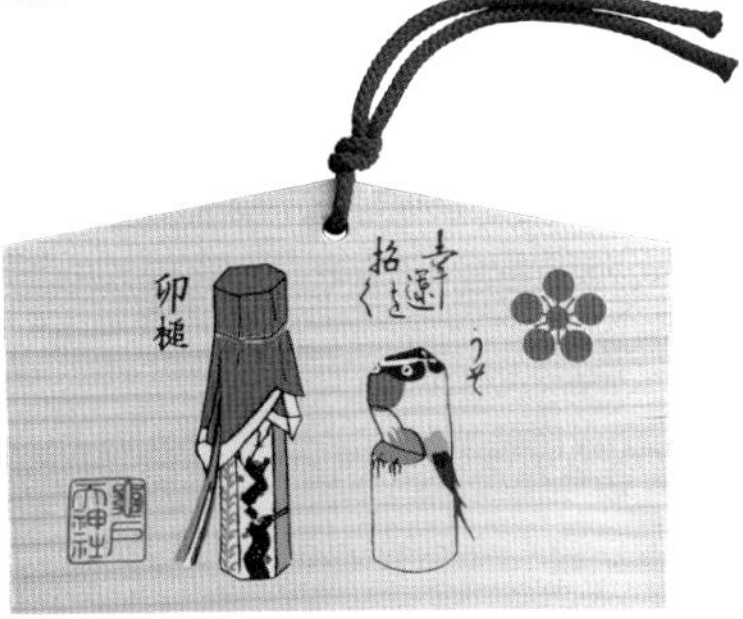

亀戸天神社《かめいどてんじんしゃ》の鷽の絵馬

こちらの絵馬には鷽と初卯祭に用いられる「卯槌（うづち）」が描かれています。亀戸天神社の鷽はサイズが豊富なことでも有名。
住所：東京都江東区亀戸3- 6-1
電話：03-3681-0010

荏柄天神社《えがらてんじんしゃ》の目的達成絵馬

こちらの鷽の絵馬には、「目」が描き込めるようになっています。目的を達成したら目を描いて社殿へお供えします。お礼参りの絵馬としてもよいそうです。
住所：神奈川県鎌倉市二階堂74
電話：0467-25-1772

ひとくちメモ

「鷽替え」は、天神様をお祀りする神社特有の神事です。鷽は天神様ゆかりの鳥で、鷽替えには知らず知らずのうちについた「嘘」を「まこと」に替えていただき、また、これまでの悪いことを「嘘」にしていただくという意味があります。鷽替えは1年に一度だけおこなわれることが多く、祭事当日は鷽を求める参拝者が列をなすほどの人気の授与品となっています。

ご利益

合格祈願

東京都
［台東区］

寛《かん》永《えい》寺《じ》 上《うえ》野《の》大《だい》仏《ぶつ》

これ以上
落ちません！
受験生に人気の
合格大仏。

寛永寺は天台宗の関東総本山。寛永2年に天海大僧正によって創建されました。江戸期には、上野公園一帯が寛永寺の境内だったそうです。

このインパクトのある絵馬は、寛永寺の山内にある上野大仏の授与品。上野大仏は地震などにたびたび罹災して、そのたび復興されてきましたが、関東大震災によってお首が落ちてしまいました。さらに戦時中には、お体の部分が金属供出の憂き目にあってしまいます。現在はお顔のみが残されているという、すさまじい経歴の大仏様なのです。

幾多の難を乗り越えた上野大仏は、「これ以上落ちない合格大仏」として受験生に人気の大仏様となりました。

さくら咲く絵馬

願い事が叶ったら、桜の形をした「さくら絵馬」をお礼に奉納します。授与所の方にお聞きしたところ、近年はさくら絵馬の数が増えているのだそう。上野大仏がモチーフのお守りもたくさんあり、受験生へのお土産にもぴったりです。

寺院・周辺情報

上野大仏は上野公園内にあります。寛永８年に建立された最初の大仏様は漆喰製で５メートル強、天保４年の倒壊後に復興された青銅製の大仏様は７メートル強あったそう。現在お顔だけとなった上野大仏はレリーフとなって安置されています。

住所	東京都台東区上野公園4-8
授与時間	10:00～16:00
交通	JR上野駅から徒歩５分
電話	03-3821-4749（清水観音堂）

ご利益

学芸

東京都［台東区］

小《お》野《の》照《てる》崎《さき》神《じん》社《じゃ》

かわいい文鳥さんに学芸上達を祈願。

小野照崎神社の御祭神は小野篁《おのたかむら》公。平安時代に実在した人物で、公卿《くぎょう》でありながら、たぐいまれなマルチアーティストであったと伝わります。圧倒的な仕事の手腕と、学芸に秀でたことから、仕事の神、芸能の神として広く信仰されてきました。

こちらの絵馬には、筆にちょこんと乗った文鳥が描かれています。篁公は、能書家であり、文才と絵画の才能もおもちでありました。狩野派をもって「博学広才にして人の及ぶところではない。その才は神に至る」といわしめたほどだそう。文鳥の「文」は学問を表し、筆は芸術・文芸に通じます。学芸の願い事をする絵馬ですが、愛鳥家からも人気の絵馬となっています。

住所	東京都台東区下谷2-13-14
授与時間	9:00〜16:00
交通	地下鉄入谷駅から徒歩３分
電話	03-3872-5514

福朗のおみくじをお守りに

こちらも鳥さん好きから人気の「幸せみくじ」。繭玉で作られた福朗（ふくろう）の中におみくじが入っています。おみくじを読んだあとは、願い文を書き、福朗に納めてお守りにします。福朗は福を運んで魔を除ける鳥とされています。

神社・周辺情報

境内には江戸時代に築かれた富士塚「下谷坂本富士」があります。富士塚とはミニチュアの富士山で、富士山に詣でるかわりにお参りします。下谷坂本富士は、毎年６月30日と７月１日にかぎり一般開放されています。

ご利益

合格祈願

京都府
［八幡市］

石《いわ》清《し》水《みず》八《はち》幡《まん》宮《ぐう》

日本三大八幡宮のひとつに数えられる石清水八幡宮。八幡様にエジソンの絵馬がなぜ?と思われるかもしれませんが、エジソンが実用化した白熱電球と深い関わりがあるんです。白熱電球はフィラメントというパーツが光ることで明るくなります。このフィラメントの材料に「竹」がふさわしいことを発見したエジソンは、世界中の竹を集めました。そのなかで最適だったのが、石清水八幡宮周辺の竹だったのです。

「エジソン竹絵馬」は竹で作られた合格祈願の絵馬。裏側には「1%のひらめき　99%の汗」と書かれています。まさに世界中から竹を集めたエジソンの「汗」が、私たちの暮らしを豊かにしてくれているんですね。

祈願絵馬にも鳩

石清水八幡宮の祈願絵馬には、本殿と鳩が鮮やかに描かれています。鳩は八幡様のお使いとされ、本殿に施された彫刻や、鳥居に掲げられた社名額など、境内のあちこちで「鳩」を見つけることができます。

神社・周辺情報

10棟の社殿が平成28年に国宝に指定された石清水八幡宮。本殿は男山の山頂にあります。山頂まではケーブルカーで登ることもできます。境内の隣にはエジソン記念碑があり、エジソンの生誕祭と碑前祭が毎年おこなわれます。

住所	京都府八幡市八幡高坊30
授与時間	9:00～16:00
交通	京阪石清水八幡宮駅下車、参道ケーブル八幡山上駅から徒歩5分
電話	075-981-3001

金運

ご利益

金運

埼玉県
[秩父市]

聖《ひじり》神《じん》社《じゃ》

日本初の流通貨幣
「和同開珎」の絵馬で
金運をパワーアップ！

「銭神様」と親しまれている聖神社は、日本で最初の流通貨幣といわれる「和同開珎《わどうかいちん》」とゆかりのある神社です。和同開珎のもととなった和銅（ニギアカガネ）は、神社からほど近い場所で採掘されました。

緑に囲まれ、こぢんまりとした境内にもかかわらず、和同開珎の形をしたこの絵馬を求めて、たくさんの人が訪れます。絵馬掛けにはびっしりと絵馬がかけられ、本殿前には「銭神様　御利益のご報告」がたくさん貼られています。「宝くじが当たりました」「収入が増えました」など、うらやましいご報告ばかり。願い事をするだけでなく、お礼とご報告をする心がけが、次の金運へとつながるのかもしれません！

金運開運の絵馬

聖神社の宝物殿には、創建当時発掘されたと伝わる和銅と、元明天皇から賜った雌雄一対の和銅製の蜈蚣（むかで）が納められていることでも知られます。蜈蚣は聖神社のご眷属（けんぞく）。この絵馬にもありがたい蜈蚣が描かれています。

神社・周辺情報

聖神社にお参りしたら、和銅遺跡へ。神社から10分ほど山を登っていくと、大きな和同開珎のモニュメントがあります。モニュメントに続く道の脇には小川が流れていて、この小川でお金を洗うと金運がさらにアップするのだそう。

住所	埼玉県秩父市黒谷2191
授与時間	9:00～17:00（夏期） 9:00～16:30（冬期）
交通	秩父鉄道和銅黒谷駅から徒歩５分
電話	0494-24-2106

ご利益

出世開運

埼玉県
［日高市］

聖《しょう》天《でん》院《いん》

一度見たら
忘れられない
インパクトのある
お顔！

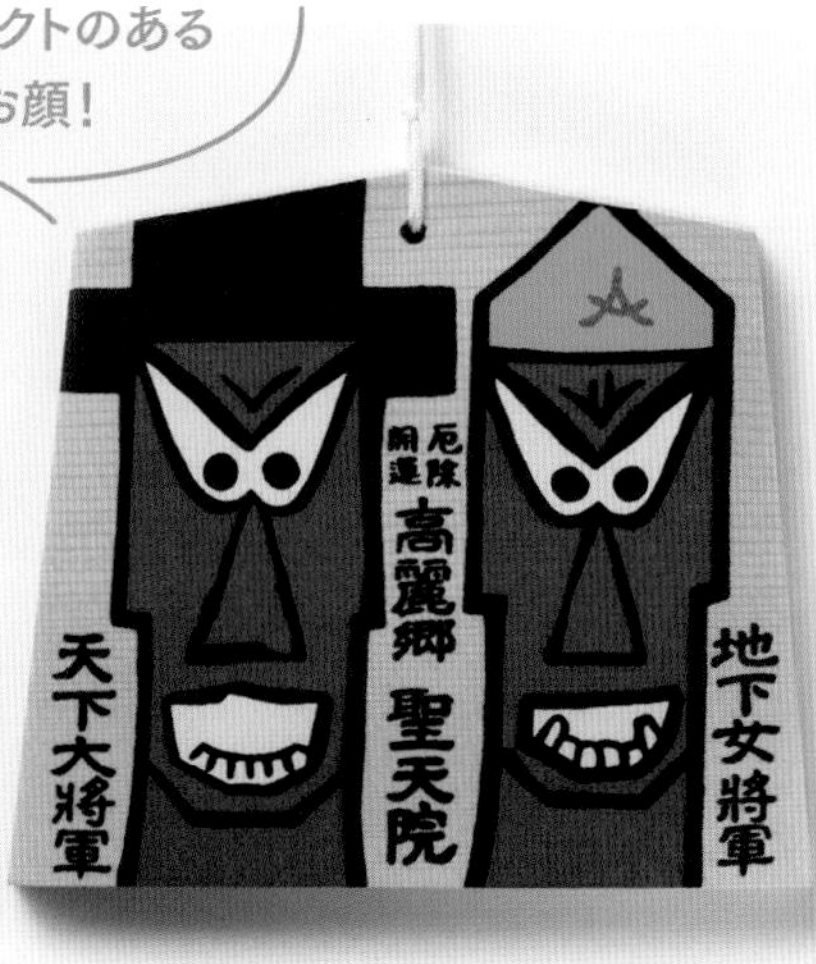

聖天院は奈良時代に高句麗《こうくり》から渡来した高麗王若光《じゃっこう》の菩提寺として創建されたお寺です。日本に帰化した若光は、高句麗の進んだ技術をもって、この地域の発展に貢献しました。そのことから、出世開運のご利益で知られています。

この絵馬に描かれているのは「将《しょう》軍標《ぐんひょう》」。将軍標とは朝鮮半島に見られる魔除けのための境界標です。右が地下女将軍、左が天下大将軍、どことなくユーモラスなお顔が印象的です。聖天院の入り口には大きな将軍標が建っていますが、住職さんによると、この絵馬は西武高麗《こま》駅前にある将軍標に似ているそう。力強い将軍標の絵馬に、出世開運を願いましょう。

住所	埼玉県日高市新堀990-1
授与時間	8:00～16:30
交通	JR高麗川駅から徒歩30分
電話	042-989-3425

●参拝には拝観料が必要

静かに佇む慰霊塔

聖天院には篤信者が私財を投じて造成建立した慰霊塔があります。在日韓民族の無縁仏をご供養するもので、八角亭や偉人の石像も建立されています。また、歩いて５分のところに若光をお祀りする高麗神社があります。

寺院・周辺情報

聖天院を初めて訪れた人は、広さと立派な庭園に驚くことでしょう。春には桜の名所となり、樹齢170年の彼岸桜をはじめ、三春の滝桜、角館の枝垂桜など美しい桜を見ることができます。

ご利益

出世開運　商売繁昌

千葉県
［成田市］

成《なり》田《た》山《さん》新《しん》勝《しょう》寺《じ》

名刺を貼って
さらに運気を
呼び込もう！

真っ赤な地に、白い狐がキリリと向かい合ったインパクト大の絵馬です。こちらは、成田山新勝寺の山内にある出世稲荷の絵馬。商売繁昌と出世運向上を願います。願い事とあわせて絵馬に名刺を貼るとよいそうなので、名刺をお持ちの方はぜひご持参を。また、出世稲荷の鳥居前で、お供え用のお揚げやきつねの置物を受けることができます。

出世稲荷には、江戸時代に成田山を篤く信仰した佐倉藩主・稲葉正道《まさみち》によって寄進された、吒枳尼天《だきにてん》が祀られており、商売繁昌、開運成就、火防《ひぶ》せのご利益があるとされています。毎年2月の二の午の日には、出世開運稲荷祭礼大法会がおこなわれます。

恋愛成就を願う人には

成田山の数あるお堂のひとつ、光明堂は良縁や縁結びにご利益があるとされます。この恋愛成就絵馬には、愛染明王のお姿が描かれています。お互いを愛する気持ちがいつまでも続くよう、絵馬に願いを込めましょう。

寺院・周辺情報

成田山といえば、江戸歌舞伎の名門、市川家と深い関わりがあることで知られます。山内には市川家ゆかりの建造物などの名所があり、出世稲荷には江戸時代に七代目市川海老蔵と八代目市川團十郎が奉納した常夜灯があります。

住所	千葉県成田市成田1
授与時間	8:00～16:00
交通	京成成田駅またはJR成田駅から徒歩10分
電話	0476-22-2111

ご利益

金運

京都府
［京都市］

御《み》金《かね》神《じん》社《じゃ》

黄金色の
銀杏の絵馬に
金運アップを
お願い！

「御金」と書いて「みかね」と読む御金神社は、金運アップのパワースポット。黄金色の鳥居があることでも知られます。主祭神の金山毘古命《かなやまひこのみこと》は、金・銀・銅をはじめとするすべての金属類、鉱山、鉱物の守護神とされています。

御金神社には黄金色の「いちょう絵馬」があります。銀杏の葉の形は、御神木が銀杏であることに由来します。銀杏は繁栄・発展や不老長寿の象徴とされ、八方に広がる葉の形は「末広がり」に縁起がよいとのこと。絵馬掛けにはいちょう絵馬がぎっしりと奉納されています。

落ち葉の季節になると、黄金色に色づいた御神木の銀杏の葉を、参拝者に配っていただけるそうです。

住所	京都府京都市中京区西洞院通御池上ル押西洞院町614
授与時間	10:00〜16:00
交通	地下鉄烏丸御池駅または二条城前駅から徒歩５分
電話	075-222-2062

金運が実りますように

御神木の銀杏の実、ギンナンの形をした、その名も「身に金がなる　御金まもり」。ちりめんの職人さんによって、手作業で作られているのだそう。銀杏は一度実るとたくさん実を付けるため、願いが「身になる」といわれています。

神社・周辺情報

黄金に輝く鳥居は、京都の老舗金箔会社の協力によって、屋外でも色褪せることのない加工がされているのだそう。また、拝殿には房撚紐師（ふさよりひもし）の坂田憲男さんが制作した黄金色の鈴緒（すずのお）が奉納されています。

ご利益

開運　宝くじ

佐賀県
［唐津市］

宝《ほう》当《とう》神《じん》社《じゃ》

全国から
当選の声が届く
宝くじファンの
聖地！

宝当神社は唐津湾に浮かぶ、高島にあります。御祭神は野崎隠岐守綱《のざきおきのかみつな》吉命《よしのみこと》。戦国時代に実在した武将で、この地に移り住んで、海賊から島民を守りました。のちに製塩業で潤った島民が、「寶當《ほうとう》神社」と記した鳥居をお礼に奉納したことが、宝当神社と呼ばれるゆえんです。「宝当」といえば宝くじ当選……。縁起のよい社名にあやかって、たくさんの人が訪れるようになりました。そしてお参りした人のなかから、宝くじの高額当選があいついでいるのだとか！

　この絵馬は「小槌型木絵馬」といい、裏に名前と願い事を書き、自宅の神棚にお供えするか、宝当神社にお返しします。郵送での授与・返送も受け付けていただけます。

裏参道の祠にお参りを

宝当神社には「裏参道」があります。裏参道には小さな祠があり、この真下、地中深くに御祭神の綱吉公のご遺体が安置されていると伝わっています。御祭神により近づけるということで、腰をかがめてお参りする人が多いそうです。

神社・周辺情報

宝当神社がご鎮座する高島へは船で行きます。唐津港にある宝当桟橋から高島港までは、船で10分ほど。船着き場からは歩いて宝当神社へ。島には宝くじが買える「宝当乃館」があり、購入してからお参りもできます。

住所　佐賀県唐津市高島523
授与時間　8:00～17:00
交通　JR唐津駅下車、タクシー5分で宝当桟橋へ。宝当桟橋から船で10分
電話　0955-74-3715

郵送での授与可
公式HPから

厄除け・病気平癒

ご利益

子供の成長　厄除け

福島県
［須賀川市］

滑《なめ》川《がわ》神《じん》社《じゃ》

赤べこパワーで厄払い！
成長祈願とお仕事祈願も。

赤べこは福島県を代表する縁起物。病魔は赤い色を嫌うとされ、かつては怖い伝染病であった「疱瘡《ほうそう》」を除けるお守りとして、子供がいつでも遊べるように身近に置いたそうです。滑川神社は仕事と子供の守り神として、信仰を集める神社です。御祭神は日本武尊《やまとたけるのみこと》、誉田別尊《ほんだわけのみこと》、菅原《すがわらの》道真命《みちざねのみこと》、平景政霊《たいらのかげまさのみたま》。どの神様も災厄を払う強い力と、進むべき道を切り開く強い信念をおもちです。

この絵馬に描かれているのは3色の赤べこ。これだけたくさんの赤べこがいれば、疫病や厄をパワフルに除けてくれそうですね。また、牛は御祭神の一柱である道真公のお使いとされ、子供の成長祈願・学業成就のご利益もあります。

蘇民将来子孫家門

「災難除け守」は、境内社の八雲神社の御祭神、須佐之男命（すさのおのみこと）ゆかりのお守り。「蘇民将来（そみんしょうらい）の子孫と名乗れば疫病から免れる」という伝説が、奈良時代の書物に残されています。

神社・周辺情報

滑川神社は美しい「花手水」があることでも知られます。花は手水舎だけでなく、木桶やガラスボールに浮かべられ、SNSでも話題に。コロナ禍で柄杓の使用を控えるかわりに、美しい花で和んでもらおうとはじめたものなのだそう。

住所	福島県須賀川市宮の杜1 ［社務所］福島県須賀川市宮の杜5-1
授与時間	9:00～12:00 13:00～17:00
交通	JR須賀川駅から徒歩30分／バス停「柏城小学校」から徒歩７分
電話	0248-94-7685

ご利益

災い除け

埼玉県
［秩父市］

秩《ちち》父《ぶ》神《じん》社《じゃ》

迫力満点！
新しく生まれ変わった
「つなぎの龍」の
絵馬。

左甚五郎《ひだりじんごろう》作と伝わる秩父神社の「つなぎの龍」には、不思議な伝説があります。その昔、池に夜な夜な黒い影が現れて暴れました。その影はいつも神社の近くで見えなくなり、本殿東側の龍の彫刻の下には水たまりが……。もしやと龍をつなぎ止めたところ、影は現れなくなったそうです。

秩父神社の鬼門を守護するつなぎの龍は、絵馬となって私たちの暮らしを守ってくれます。実はこの絵馬、令和2年に改修工事を終えた龍を、3Dプリンターによって再現したハイテク絵馬なんです。玄関先に飾って邪気を追い払ってもらいましょう。

学業成就に梟の絵馬

「北辰の梟」は本殿北側中央にある彫刻で、体の正面は本殿を向き、頭は真後ろの北を向いて、御祭神をお守りしています。夜を制し、北辰を制するものに勝利の栄冠ありと、合格を祈願する受験生に人気の絵馬となっています。

神社・周辺情報

御鎮座2100年を迎えた秩父神社は、奉祝事業である本殿の改修工事が伝統的な工法を用いておこなわれています。「子宝・子育ての虎」と「お元気三猿」の彫刻は令和3年、「北辰の梟（ふくろう）」は令和5年に完成予定。

住所	埼玉県秩父市番場町1-3
授与時間	8:30～17:00
交通	秩父鉄道秩父駅から徒歩３分／西武秩父駅から徒歩15分
電話	0494-22-0262

ご利益

災い除け

埼玉県

[さいたま市]

武《む》蔵《さし》第《だい》六《ろく》天《てん》神《じん》社《じゃ》

向かい合った
天狗様が
悪しきものを
シャットアウト！

天狗様は第六天大神のお使い。「御眷属《ごけんぞく》」と呼ばれる絵馬は、昔から第六天神社に伝わる護符です。赤い天狗様が大天狗、青い天狗様が烏天狗です。この絵馬は願い事を書くのではなく、玄関の外側に飾って、外からの邪気や災い、疫病を追い払ってもらいます。畑などに飾るときは、青竹に挟んだり、ひもで結んだりするといいそうです。また、絵馬と一緒に授かる諸願成就の御神札は、玄関の内側に飾って心願成就・家内安全を願います。

第六天神社の社殿には、大天狗と烏天狗が宿るといわれる御神木があります。御神木を両手でさすってから体の悪いところをさすると、病が治るといわれています。

足腰健康と耳病頭痛の絵馬

第六天神社の主神の一柱である面足尊（おもたるのみこと）は、足病消除のご利益があるといわれます。昔の参拝者は、わらじを神社に奉納して、道中の無事を祈ったそう。また、耳病や頭痛の平癒を願う絵馬も授与していただけます。

神社・周辺情報

その昔、江戸から日光に向かう人々は、途中で第六天神にお参りして絵馬を受け、名物のうなぎを食べるのを楽しみにしていたのだそう。現在でも神社の近くには川魚料理のお店があり、参拝土産の「天狗羊羹」を販売するお店もあります。

住所	埼玉県さいたま市岩槻区大戸1752
授与時間	8:00～17:00
交通	東武岩槻駅下車、バス停「巻の上」から徒歩10分
電話	048-799-1014

ご利益

魔除け

埼玉県
［嵐山町］

鬼《き》鎮《じん》神《じん》社《じゃ》

立ちはだかる赤鬼と青鬼が魔を除ける！

鬼鎮神社は「鬼」をお祀りする全国でも珍しい神社です。この地方には、源平合戦で活躍した畠山重忠《しげただ》公の館があり、鬼鎮神社はその鬼門除けの守護神として建立されたと伝わります。

「福は内、鬼は内、悪魔外」。鬼鎮神社でおこなわれる節分祭でのかけ声です。一般的な豆まきとは違って、赤鬼と青鬼が参拝者に向かって盛大に豆をまきます。豆まきが終わったら、赤鬼と青鬼が描かれた絵馬札を社務所で授けていただきます。絵馬札は持ち帰って、家の玄関に飾ります。外からやってくる魔を追い払ってもらうためです。絵馬札は節分祭の日だけでなく、お正月から４月頃まで授与していただけます。

住所	埼玉県比企郡嵐山町川島1898
授与時間	9:30〜15:00
交通	東武嵐山駅から徒歩15分
電話	0493-62-2131

金棒に願いを

「鬼に金棒」の金棒守りは受験生に人気のお守り。鬼鎮神社には本物の金棒が奉納されていて、かつては金棒専門の鍛冶屋さんが近所にあったとか。戦時中の金属供出で数が少なくなってしまったそうですが、迫力満点の金棒は必見。

神社・周辺情報

鬼鎮神社の社殿には、崇敬者から奉納された大きな絵馬がたくさん飾られています。なかには、競走馬と騎手を描いたレース勝利の奉納絵馬も。鬼は強さの象徴であることから、勝利の神様、ひいては受験必勝の神様としても親しまれています。

ご利益

厄除け　疫病除け

東京都
［台東区］

寛《かん》永《えい》寺《じ》 両《りょう》大《だい》師《し》

厄も疫病も
すたこら退散！
角大師の
厄除け絵馬。

両大師は寛永寺の山内にあるお堂で、正式には開山《かいさん》堂といいます。寛永寺の開山（お寺を初めて開いた僧）である天海大僧正と、比叡山中興の祖とされる良源大僧正をお祀りしていることから、「両大師」と呼ばれて親しまれています。

良源大僧正は優れた霊力をおもちでした。ご祈祷される姿を描いたお札を配ったところ、疫病がたちまち治まったそうです。この絵馬に描かれているのは、そのときのお姿。角が生えた夜叉のようであることから、「角大師《つのだいし》」と呼ばれています。

角大師の絵馬は、玄関などに飾る厄除けの絵馬。お正月時期のみの授与で、申し込みは12月から。大晦日にご祈祷してからの授与となります。

住所　東京都台東区上野公園14-5
授与時間　8:00〜16:00
交通　JR鶯谷駅から徒歩5分
電話　03-3821-4050
郵送での授与可
電話で問い合わせを

心が和む角大師守り

天然木に角大師のお姿が彫刻されたお守りです。厄除け、魔除け、疫病退散、災難除去のご利益があります。お守りからはふわっと桧（ひのき）の香りが広がってリラックス効果も。なでたりさわったりして持つ「撫で守り」です。

寺院・周辺情報

両大師の境内には１本の木から一重と八重の花が同時に咲く「御車（みくるま）返しの桜」と呼ばれる名木があります。その昔、後水尾天皇が京都でお花見に行かれたとき、あまりの美しさに引き返したという桜が植えられているのだそうです。

ご利益

魔除け・厄除け

東京都

［港区］

愛《あ》宕《たご》神《じん》社《じゃ》

羽子板は
「魔」を除ける
とされてきました。

愛宕神社には羽子板の形をした絵馬があります。絵馬にはその年の干支が描かれていて、実際の羽子板よりもこぶりなサイズ。令和3年の絵馬には、疫病退散の力をもつとされる牛頭天王《ごずてんのう》のお姿が描かれています。願い事は書かず、お飾りして魔除け・厄除けの絵馬とします。

羽子板のことを、古くは「胡鬼板《こきいた》」と呼びました。新春に羽根つきをすることは、魔を払って幸いを招く意味をもっていました。また、羽根が昆虫のとんぼに似ていることから、とんぼが病気の原因となる蚊を食べてくれるように祈ったともされています。愛宕神社は羽子板市発祥の神社ともいわれ、その昔、歳末の羽子板市は多くの人でにぎわったそうです。

住所	東京都港区愛宕1-5-3
授与時間	9:00～16:00
交通	地下鉄神谷町駅または虎ノ門ヒルズ駅から徒歩5分
電話	03-3431-0327

郵送での授与可

公式HPから

出世の石段を登って

愛宕神社には「出世の石段」と呼ばれる急な石段を登ってお参りします。その由来は講談で有名な曲垣平九郎（まがきへいくろう）の故事。主君である徳川家光公に梅を献上するため、なんと馬に乗って石段を登り、その名をとどろかせたのだそう。

神社・周辺情報

愛宕神社の主祭神は火の神である火産霊命（ほむすびのみこと）。江戸時代初期に徳川家康公の命により防火の神様としてお祀りされました。標高26メートルの愛宕山の山頂にあり、東京23区で自然の地形としては一番高い山になるそうです。

ご利益

火防開運

静岡県
［浜松市］

秋《あき》葉《は》山《さん》本《ほん》宮《ぐう》秋《あき》葉《は》神《じん》社《じゃ》

火災を防いで
家内安全！
迫力満点の
天狗の絵馬。

秋葉山本宮秋葉神社は標高866メートルの秋葉山にご鎮座しています。御祭神は、火を司る神様である火之迦具土大神《ひのかぐつちのおおみかみ》。山頂にある上社《かみしゃ》と、ふもとにある下社《しもしゃ》からなり、山頂からの眺めは絶景。運がよければ早朝に美しい雲海を目にすることも。そして、秋葉山には昔から天狗が棲むと伝えられています。

秋葉神社の天狗の絵馬は超立体的。横から見ると、いかに立派なお鼻であるかがわかるでしょう。天狗は秋葉の大神様のお使いとされ、大神様の火防《ひぶせ》のお力と天狗の神通力で、さらなるパワーをいただけそうです。家に持ち帰って飾り、火防・厄除け・開運を授かる絵馬としてもいいそうです。

住所	静岡県浜松市天竜区春野町領家841
授与時間	9:00～16:00
交通	遠州鉄道、天竜浜名湖鉄道西鹿島駅からバス45分
電話	053-985-0111（上社） 053-985-0005（下社）

天狗と火打石のお守りを

「木っころ天狗」は除災招福のお守り。一刀彫の天狗さんが災いを除けて、福を招いてくれます。また、火防の神様ならではの「火打石守護」という火打石と火打鎌がセットになったお守りもあります。

神社・周辺情報

秋葉山本宮秋葉神社は秋葉神社の総本宮。ふもとの下社から山頂の上社までは、徒歩で２時間、車で40分ほどです。12月におこなわれる「秋葉の火まつり」が有名で、秘伝の弓・剣・火の三舞の神事が古式ゆかしくくり広げられます。

ご利益

災い除け　地震除け

三重県
[伊賀市]

大《おお》村《むら》神《じん》社《じゃ》

なまずの絵馬に
お願いして
日頃の防災意識を
高めよう！

ゆるぐともよもやぬけまじ要石《かなめいし》
大村神のあらんかぎりは

この呪文は大村神社に古くから伝わるもので、地震守護を願う人々に唱えられてきました。「要石」とは、大村神社の境内に奉斎されている霊石のことをいいます。要石は地下深く広がっていて、大地を揺るがす大なまずをしっかり押さえつけていると伝わります。安政元年に起こった伊賀上野大地震では、不思議とこの地方は難をまぬがれたのだとか。

「なまず絵馬」は地震除災の絵馬です。地震だけでなく、突然やってくる災いを除け、鎮めていただくご利益があります。地震や災害に負けない立派な家が建つよう、新築時に絵馬を求める人も多いそうです。

なまずのお守りに一目惚れ

「願掛けなまず」は地震守護のお守り。ペタッと平べったいお姿が、なんとも愛らしい張り子のなまずさんです。本殿の欄干にはお役目を終えた願掛けなまずがあちこちに奉納され、「欄干なまず」と呼ばれています。

神社・周辺情報

大村神社は「要石」と、国の重要文化財の「宝殿」、そして日本三大奇鐘のひとつといわれる「虫喰鐘」があることで有名です。虫喰鐘は虫が喰ったような跡がある不思議な鐘で、さまざまな伝説が残されています。

住所	三重県伊賀市阿保1555
授与時間	9:00頃～17:00頃
交通	近鉄青山町駅から徒歩10分
電話	0595-52-1050

ご利益

魔除け・厄除け

京都府
［京都市］

晴《せい》明《めい》神《じん》社《じゃ》

晴明桔梗は
魔を除ける呪符。

「魔除け」「厄除け」の神社として知られる晴明神社。御祭神は平安時代に天文陰陽博士として活躍した安倍晴明公。陰陽道で使われる「式神《しきがみ》」を、思いのままに操ったことでも知られます。晴明公は屋敷内の掃除や儀式など、式神にさまざまなことをさせていたそうです。

この絵馬には晴明神社の社紋である「晴明桔梗」が記されています。晴明桔梗は「五芒星」とも呼ばれ、陰陽道に用いられる祈祷呪符のひとつ。昔から魔除けの呪符として重用されてきました。魔除けの絵馬ですが、諸願成就の祈願絵馬でもあり、願い事を書いて奉納します。郵送でも受けられ、神社に返送すると、神前に奉納していただけるそうです。

集中力を高めるお守り

晴明神社には晴明公が湧き出させたといわれる井戸があります。「みずかがみ守」は晴明井をモチーフにしたお守り。陰陽五行では水は黒で表され、黒色の桔梗印を身に着けることで、集中力が高まり、厄除けのお守りにもなるそうです。

神社・周辺情報

晴明神社は、晴明公の屋敷跡にそのみたまを鎮めるために創建された神社です。本殿の前には晴明公の像と、魔除け・厄除けの果実といわれる「厄除桃」があります。境内には晴明桔梗の印があちこちにあり、見つけるのも楽しいです。

住所　京都府京都市上京区晴明町806（堀川通一条上ル）
授与時間　9:00～16:30
交通　地下鉄今出川駅から徒歩12分／バス停「一条戻橋・晴明神社前」から歩いてすぐ
電話　075-441-6460
郵送での授与可
公式HPから

ご利益

災疫除け　病気平癒

京都府
[京都市]

今《いま》宮《みや》神《じん》社《じゃ》

疫神を追い立てる
やすらい祭の
大鬼の絵馬。

平安以前の昔から、疫神を祀るお社があったとされる今宮神社。伝統的な「やすらい祭」が毎年4月におこなわれることでも知られます。祭りの中心は、たくさんの生花で飾られた大きな花傘。桜の花が散る頃に飛散するとされる疫神を、お囃子《はやし》や歌舞で追い立て、花傘に宿らせて鎮めます。花傘の下に入ると、その年は病気をせずに過ごせるともいわれています。

この絵馬には、やすらい祭に登場する大鬼が描かれています。赤毛と黒毛の大鬼たちは、髪を振り乱して踊り、疫神を追い立てます。ダイナミックに舞う大鬼の絵馬に、災疫除けと健康を願いましょう。

住所　京都府京都市北区紫野今宮町21
授与時間　9:00～17:00
交通　地下鉄北大路駅から徒歩20分／バス停「今宮神社前」から歩いてすぐ
電話　075-491-0082

形がかわいい子授け絵馬

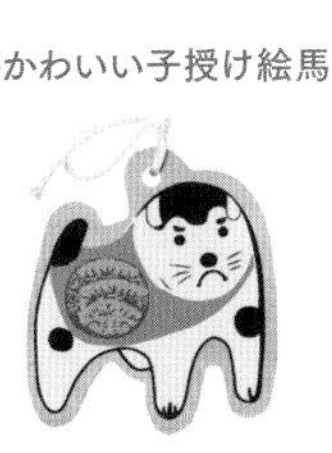

犬張り子の形をしたこちらの絵馬は子授け、安産、子育てにご利益があります。末社の若宮社は子授けのご神徳があると信じられ、桂昌院もそのひとりであったそうです。お参りのあとは、参道にあるあぶり餅屋さんで一息つくのもおすすめ。

神社・周辺情報

今宮神社は徳川五代将軍綱吉公の生母、桂昌院ことお玉さんゆかりの神社。桂昌院が従一位の高位まで上り詰めたことから、「玉の輿」という語義が生まれたのだそう。お玉さんにあやかろうと、良縁開運を願う多くの人でにぎわいます。

ご利益

合格祈願　病気平癒

大阪府
［大阪市］

少《すくな》彦《ひこ》名《な》神《じん》社《じゃ》

張り子の虎に
疫病退散と医学系
合格祈願を！

「神農《しんのう》さん」と呼び親しまれる少彦名神社は、大阪道修《どしょう》町にあります。道修町は豊臣時代頃から薬種の町として栄え、今でも多くの製薬会社があります。少彦名神社は、薬業界の守護神としても崇敬されてきました。

少彦名神社の御祭神は日本の薬祖神である少彦名命と、中国医薬の祖神といわれる神農氏。毎年11月におこなわれる神農祭では、五葉笹に結わえられた張り子の虎が授与されます。張り子の虎は、江戸時代にコレラを除けるお守りとして、疫病除薬の丸薬とともに配られたのがはじまりなのだそう。この絵馬は張り子の虎の祈願絵馬。病気平癒はもちろん、医歯薬理工系の合格祈願をされる方も多いそうです。

神農氏と少彦名命の絵馬

右に神農氏、左に少彦名命が描かれた御祭神の絵馬もあります。薬の安全と商売繁盛を祈願するため、安永９年に京都五條天神宮より少彦名命の分霊を勧請し、以前からお祀りされていた神農氏とともにあわせ祀られるようになったそうです。

神社・周辺情報

少彦名神社の地は、江戸時代、薬業仲間の寄合所でありました。社務所３階に設けられた「くすりの道修町資料館」には多くの文書が保存され、江戸時代の医学書や、昔懐かしい家庭薬など、貴重な資料を見ることができます。

住所　大阪府大阪市中央区道修町2-1-8
授与時間　9:00～17:00
交通　地下鉄北浜駅から徒歩５分
電話　06-6231-6958
郵送での授与可
公式HPから

ご利益

魔除け　疫病除け

大阪府

［大阪市］

四《し》天《てん》王《のう》寺《じ》 庚《こう》申《しん》堂《どう》

三猿は
庚申尊のお使い。
病や魔がサルことを
願います。

四天王寺の庚申堂は、日本で初めて庚申尊が出現した地とされています。御本尊は帝釈天の使者である青面金剛《しょうめんこんごう》童子です。今から１３００年以上も昔、正月の庚申の日に現れて、除災無病の霊験を示されたそう。以来、庚申の日とその前日に本尊にお祈りすると、願いが叶うとされています。庚申信仰は全国に広がり、江戸時代には大流行しました。

　この絵馬に描かれている三猿《さんざる》は、青面金剛童子のお使いです。境内には三猿堂があり、「見ざる・聞かざる・言わざる」の木彫りの三猿がお祀りされています。願いをかけると「病に勝る」「魔も去る」ともいわれ、三猿は昔から人気の縁起物。痛いところも治まるといわれています。

住所　大阪府大阪市天王寺区堀越町2-15

授与時間　8:30～16:00（10月～3月）8:30～16:30（4月～9月）

交通　地下鉄四天王寺前夕陽ケ丘駅から徒歩５分／JR天王寺駅から徒歩12分（四天王寺南門から南へ約300メートル）

電話　06-6771-0066

ご縁を運ぶ5匹のお猿さん

すてきな縁を運んでくれますようにと祈願されたお守りです。「庚申ご縁（五猿）結び守り」というお守りで、見ざる、言わざる、聞かざる、思わざる、勝（まさ）る、の５つの猿がきゅっと身を寄せ合って、お花のような形をしています。

寺院・周辺情報

庚申の日は60日に一度。この日は庚申堂の縁日です。北を向いて食べる「北向きこんにゃく」の店が出ることでも知られます。１年で最初の庚申まいり「初庚申」では、経本を流れるようにめくる「大般若転読」を拝観することができます。

ご利益

厄除け

兵庫県
［神戸市］

弓《ゆ》弦《づる》羽《は》神《じん》社《じゃ》

厄（八九）を除く
斬新なデザイン！

弓弦羽神社は熊野大神をお祀りする神社です。厄除け開運、家内安全、交通安全などさまざまなご神徳があり、近年は「勝利」を祈願する人が多いそうです。名前が似ていることから、フィギュアスケートの羽生結弦選手が参拝したことでも話題になりました。

この「八九除絵馬」は、朱色の地に八と九の字が白く抜かれ、中央に神社の名前が記されています。これは、厄の真ん中に神様が割って入り、厄除けしてくださるとの意味。デザインを発案したのは、大阪府松原市にある布忍《ぬのせ》神社の宮司さん。現在は数社の神社でこの厄除け絵馬が授与されているのだそうです。なんとも力強いデザインですね。

住所　兵庫県神戸市東灘区御影郡家2-9-27
授与時間　9:00～17:00
交通　阪急御影駅から徒歩5分
電話　078-851-2800
郵送での授与可
公式HPから

勝利に導く絵馬

日本サッカー協会の八咫烏は３本の足でボールをつかんでいますが、弓弦羽神社の八咫烏は弓弦から放たれた矢に乗っています。まさにゴールに向かって一直線。御影石のサッカーボールのまわりには、たくさんの絵馬が奉納されています。

神社・周辺情報

弓弦羽神社の境内には御影石のサッカーボールがあります。神社がある御影地域は御影石の産地。また、八咫烏（やたがらす）は熊野大神のお使いであります。シーズン前には女子サッカーのINAC神戸レオネッサが必勝祈願に訪れるそうです。

ご利益

病気平癒

大分県
［大分市］

長《なが》浜《はま》神《じん》社《じゃ》

珍しい
縦長の絵馬に
病気平癒の願いを
込めて。

長浜神社の「雛絵馬」は、縦長に立ち雛が描かれている珍しい絵馬です。大きな雛が大国主命《おおくにぬしのみこと》、小さな雛が御祭神である少彦名命《すくなひこなのみこと》。少彦名命は医療と薬の神様であり、大国主命とともに国土開発に力を尽くしたと伝わります。

この絵馬は病気回復と健康を願う絵馬。特に婦人病平癒にご利益があり、昔から女性の祈願が多いことでも知られます。愛らしいこの絵馬にはファンも多く、家に持ち帰って飾る人もいるのだとか。病気平癒の絵馬ですが、いろんなことをお願いする人が増えているそうです。絵馬堂には、奉納されたたくさんの雛絵馬が美しく並んでいます。

住所　大分県大分市長浜町1-8-7
授与時間　9:00〜17:00
交通　JR大分駅から徒歩15分
電話　097-532-6452

郵送での授与可
電話で問い合わせを

病気平癒のお守り

長浜神社のお守りのなかで一番人気なのが、病気平癒のお守り。赤と青の２種類で、羽ばたく鳥たちとお花が刺繍されています。自分用はもちろん、元気になってもらいたい人へのお土産にするのもいいですね。

神社・周辺情報

長浜神社では毎年７月に夏季大祭がおこなわれます。「ながはまさま」と呼び親しまれ、大分の夏の風物詩ともなっています。祭り期間中、ネズミモチの木に３色のお餅を付けた「おみか餅」が、無病息災の縁起物として頒布されます。

八坂庚申堂《やさかこうしんどう》のくくり猿

COLUMN

絵馬に願い事をするように、かわいいお猿さんに願掛けをするスポットがあります。京都・東山にある八坂庚申堂の「くくり猿」です。こぼれんばかりに吊るされた色とりどりのくくり猿がSNSで話題となり、テレビなどのメディアでも取り上げられました。着物姿がよく映えることもあり、女性から大人気に。

飛騨のさるぼぼにも似ているこのくくり猿、よく見ると手足をぎゅっと縛られているんです。欲望のまま行動する猿の手足をくくって、動けないようにしているんですね。赤山禅院《せきざんぜんいん》（P63）のお屋根の猿も、いたずらしないよう金網に入っておりました。人間だって、欲望があります。その欲に走ってしまうことを戒《いまし》めるため、くくり猿はあえてこの姿をしているのです。願掛けをするときは、くくり猿に願い事を書き、願いが叶うまで、欲をひとつ我慢します。

猿は庚申堂の御本尊である青面金剛《しょうめんこんごう》のお使い。八坂庚申堂にはくくり猿のほかにも、土人形の「指猿」や素焼きの土鈴など、かわいいお猿さんの授与品があります。境内には「見ざる、言わざる、聞かざる」の三猿があちこちに。思わずはしゃいでしまいそうですが、授与品選びや撮影は、心を整え、お参りしてからにいたしましょう。

金剛寺（八坂庚申堂）

- 住所 京都府京都市東山区金園町390
- 授与時間 9:00～17:00
- 交通 京阪祇園四条駅から徒歩15分
- 電話 075-541-2565

カラフルなくくり猿が境内のあちこちに吊るされています。
くくり猿はひとつひとつ手作りの授与品のため、数量限定。早い時間に参拝するのがおすすめです。

スポーツ

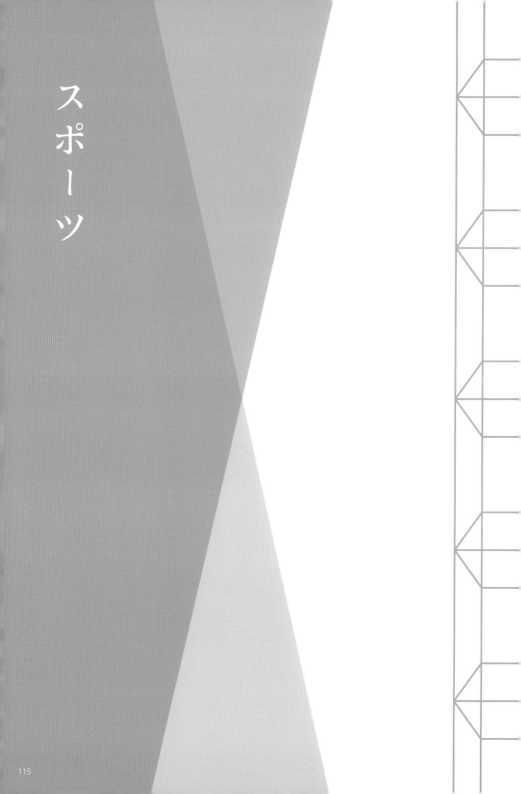

ご利益

野球

埼玉県
［東松山市］

箭《や》弓《きゅう》稲《いな》荷《り》神《じん》社《じゃ》

かっとばせ！
勝利への
熱い思いを。

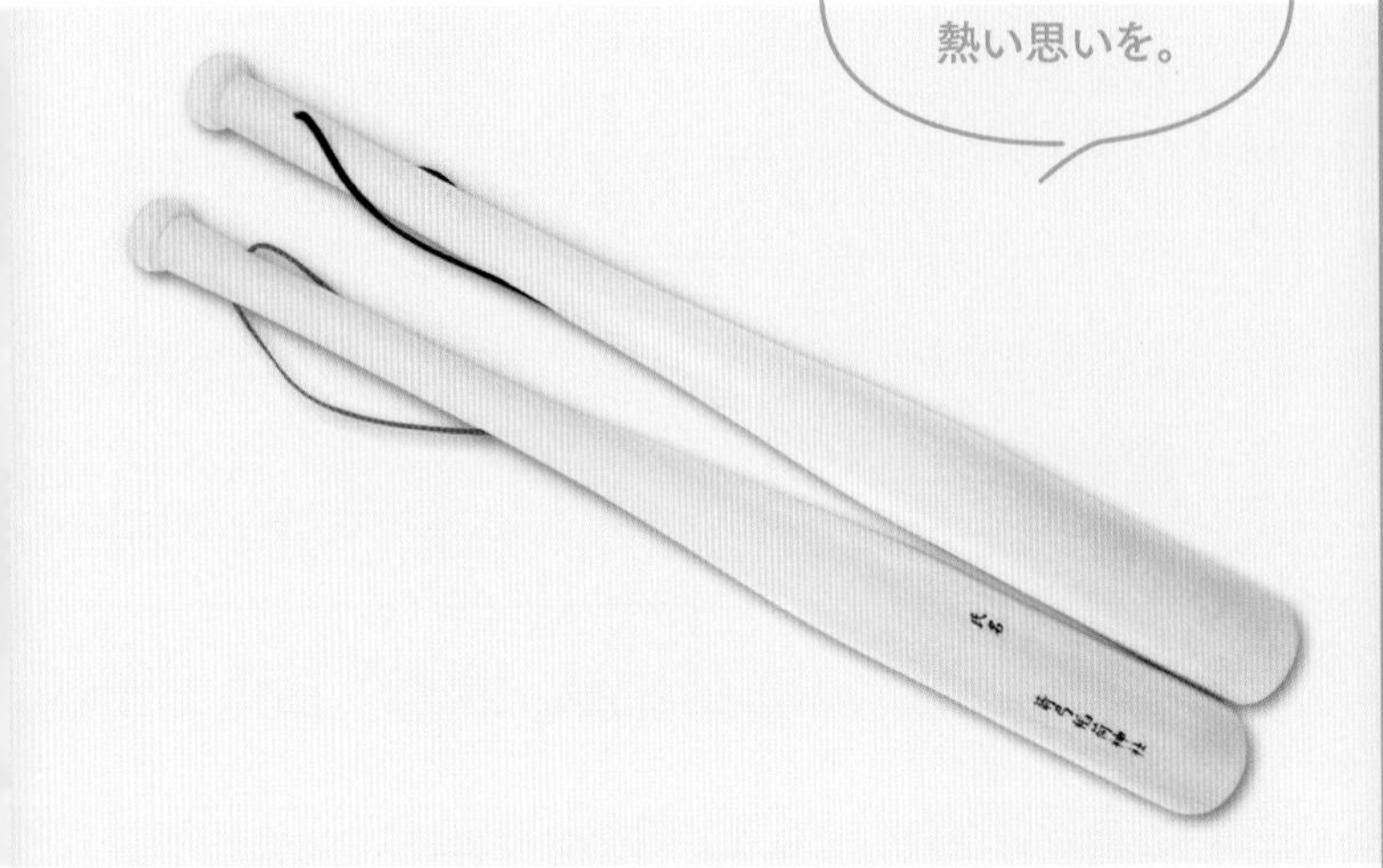

箭弓稲荷神社の「箭弓」は「やきゅう」と読みます。本来は矢と弓の意味ですが、「やきゅう」という読み方から、野球にご利益がある神社として親しまれてきました。地元、埼玉西武ライオンズの方も、必勝祈願に訪れているのだそうです。

箭弓稲荷神社には、野球をモチーフにした授与品があります。その最たるものが、このバット絵馬です。「レギュラーになれますように」「全国制覇」など、熱い思いが綴られた絵馬がたくさん奉納されています。また、ベース形の絵馬もあり、こちらも人気の絵馬となっています。必勝祈願をおこなうとホームベースと同等の大きさの絵馬が授与され、勝利へと導いてくれます。

住所 埼玉県東松山市箭弓町2-5-14
授与時間 9:00〜16:30
交通 東武東松山駅から徒歩３分
電話 0493-22-2104
郵送での授与可
公式HPから

この一球に…

野球のボールにしか見えないかもしれませんが、こちらは「一球入魂みくじ」というおみくじです。白球から出ている赤いひもを引っ張ると、おみくじが出てきます。おみくじを選ぶ手に、思わず力が入りそうですね。

神社・周辺情報

「やきゅうさま」の名で慕われている箭弓稲荷神社。境内には團十郎（だんじゅうろう）稲荷と呼ばれるお社があります。七代目市川團十郎が奉納した祠が礎になっていて、芸能・技術の向上を願う人がたくさんお参りに訪れるそう。

ご利益

自転車

千葉県

［野田市］

櫻《さくら》木《ぎ》神《じん》社《じゃ》

桜色の自転車に
安全な走行を
祈ります。

櫻木神社がご鎮座する野田市桜台は、古くは「桜木村」と呼ばれ、桜が咲き誇る美しい里であったそう。櫻木神社が「桜の宮」とも称えられるゆえんです。

桜色の自転車が描かれたこの絵馬は、令和3年から頒布がはじまりました。近年の自転車ブームで神社の近隣でも事故が増えているのだそう。「この絵馬が、自転車のマナー向上や事故防止につながれば」と神職さんはおっしゃいます。神社では毎月第三土曜日に、「自転車清祓《きよめばら》い」をおこなっています。参列する場合は、自分の自転車を持参することもできます。お祓いが終わると、自転車絵馬と、交通安全のお守りとステッカー守りを授与していただけます。

住所　千葉県野田市桜台210
授与時間　9:30～16:30
交通　東武野田市駅から徒歩10分
電話　04-7121-0001

郵送での授与可

電話で問い合わせを

しあわせの桜咲く絵馬

櫻木神社の授与品は、桜づくし。右の「さくら絵馬」は表も裏もきれいな桜色。「爛漫絵馬」は夜桜を感じさせます。合格祈願が多いそうですが、桜は神の依り代（よりつく樹木）として信仰があり、どんな願い事をしてもよいそうです。

神社・周辺情報

藤原鎌足の子孫である嗣良（つぐよし）がこの地に居を移したとき、美しい桜の大木がありました。この木のもとに神様をお祀りしたのが、櫻木神社のはじまりと伝わります。現在の境内にもさまざまな桜の木があり、参拝者を魅了しています。

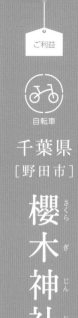

ご利益

サッカー

静岡県
［静岡市］

小《お》芝《しば》八《はち》幡《まん》宮《ぐう》

サッカーボールの絵馬に必勝と身体健康を祈って。

サッカー王国清水にご鎮座する小芝八幡宮。御祭神である八幡様は、勝負の神様です。地元のサッカーチームや、遠征でやってきた全国のサッカー少年たちが必勝祈願に訪れています。

創建は不詳ですが、平安時代初期の記録が残る歴史の古い神社です。戦国時代になると、この地方を治めるようになった武田信玄公が城内に社を移し、城の守護神として多くの武人の崇敬を集めたそう。

小芝八幡宮の絵馬がサッカーボールなのは、いうまでもありません。中央の黒塗りの部分に神社名がスッと記された潔いデザイン。サッカーだけでなく、勝負に関するさまざまな願い事をしてもよいそうです。

さすがサッカー王国！

赤と白がひときわ目立つサッカーボールの絵馬掛けは、神社の方のお手製なのだそう。なんというサッカー愛！　お守りも豊富で、サッカーだけでなく野球やゴルフなどのお守りも授けていただけます。

神社・周辺情報

小芝八幡宮の拝殿は明治28年造営、本殿は昭和８年造営と、古き時代の面影を残す神社です。参拝時間は特に決まっていないそうですが、社務所は16時までとなっているので、ご祈願などの問い合わせはお早めに。

住所　静岡県静岡市清水区小芝町4-10
授与時間　9:00～17:00
交通　JR清水駅から徒歩９分
電話　054-366-4842

郵送での授与可
電話で問い合わせを

ご利益

勝負　競馬・馬術

滋賀県
[大津市]

長《なが》等《ら》神《じん》社《じゃ》 馬《うま》神《がみ》神《じん》社《じゃ》

馬神神社は
馬好きの聖地！

馬神神社は長等神社の境内にあるお社です。古くから牛馬の守護神として、信仰されてきました。その昔、人々の移動や農耕を助ける馬は、暮らしになくてはならない大切な存在でした。

現在、馬神神社には競馬や乗馬の関係者がたくさん訪れます。神社が鎮座する滋賀県には、中央競馬の調教拠点である栗東《りっとう》トレーニング・センターがあり、馬主さんや調教師さん、ときには有名な騎手もお参りにやってくるのだとか。また、馬好きの人からも人気の神社で、競馬ファンが全国から訪れるそう。競馬ファンの願い事はずばり、万馬券！　このかわいいお馬さんの絵馬に、夢を託しましょう。

住所	滋賀県大津市三井寺町4-1
授与時間	9:00〜17:00
交通	京阪三井寺駅から徒歩10分
電話	077-522-4411

馬を守るギバ除け

その昔、馬が突然死んでしまう頽馬（たいば）と馬魔（ぎば）という怪異がありました。頽馬は魔性の風で、馬魔は小さな女性の姿をした妖怪。馬神神社にはギバ除け（頽馬除け）の馬の腹掛けがあり、道中の馬の安全を願ったそうです。

神社・周辺情報

長等神社の朱塗りの豪華な楼門は、大津市の指定文化財にもなっています。神社の周辺はたくさんの自然に恵まれ、春の桜、秋の紅葉、そして冬の雪景色は絶景！　三井寺や琵琶湖にも近く、ぶらりと散策するのもおすすめです。

ご利益

ラグビー

京都府
［京都市］

下《しも》鴨《がも》神《じん》社《じゃ》 さわた社《しゃ》

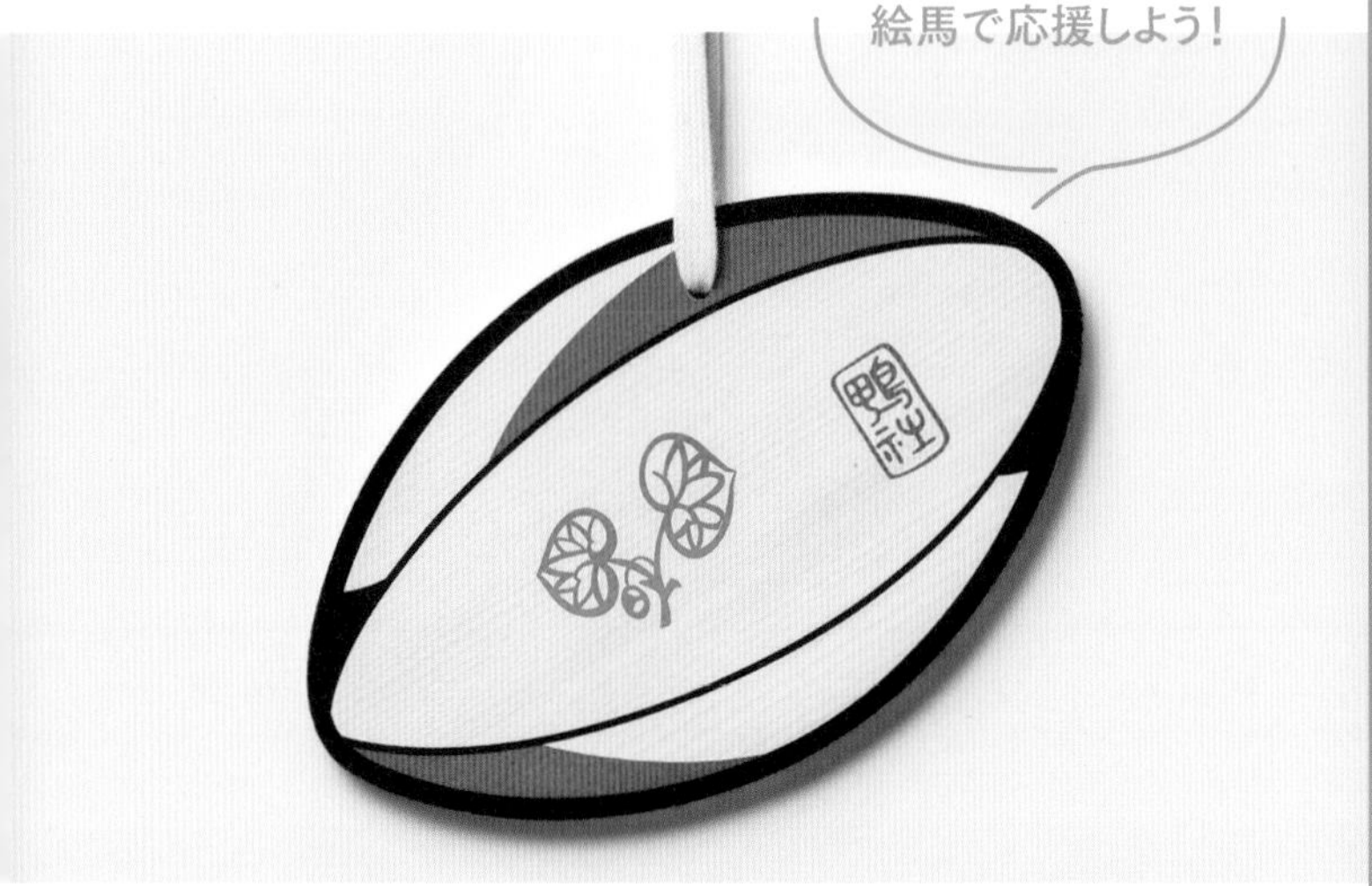
大好きなチームを
絵馬で応援しよう！

下鴨神社には「第一蹴の地」の石碑があります。これは明治43年に、関西で初めてラグビーボールが蹴られたことを記念して建立されたもの。この石碑のそばにあるのが、ラグビーの聖地ともいわれる、さわた社です。字は雑太社、澤田社とも書きます。一時は摂社の三井神社に合祀されていたお社ですが、平成29年にこの地に再興されました。御祭神である神魂命《かんたまのみこと》のご神名から、球技上達のご神徳があるといわれています。

　さわた社の絵馬は、ラグビーボールの形をしています。ラグビーへの願い事がほとんどで、ほかのスポーツの願い事は見当たらないのだそう。ラグビーへの熱い思いを絵馬で共有したいですね！

住所	京都府京都市左京区下鴨泉川町59
授与時間	9:00～17:00
交通	JR京都駅からバス30分／阪急河原町駅からバス15分
電話	075-781-0010

お守りもラグビー

JAPAN RUGBY

ラグビー日本代表のユニフォームをイメージした「ラグビー御守」。中央には桜のエンブレムが施されています。ラグビーの絵馬とお守りは、下鴨神社西授与所、河合社授与所で授けていただけます。

神社・周辺情報

下鴨神社には「糺（ただす）の森」と呼ばれる広さ３6000坪の森があります。太古の原生林を残す広大な森で、８月中旬に古本市が開かれ、秋には見事な紅葉を見ることができます。さわた社は、糺の森の馬場に面した場所にあります。

ご利益

芸能　スポーツ

京都府
［京都市］

白《しら》峯《みね》神《じん》宮《ぐう》

「まりの神様」にスポーツと芸能の上達祈願。

白峯神宮の境内社には精大明神《せいだいみょうじん》がお祀りされています。精大明神は昔から鞠の守護神とされ、蹴鞠の宗家である飛鳥井家が、代々邸内にお祀りしていました。白峯神宮は飛鳥井家の邸宅地跡に鎮座し、その祭祀を受け継いでいるのだそうです。

時代は移り、精大明神は球技をはじめ、スポーツ全般の守護神として広く知られるようになりました。お社には各種競技で使用された公式球が奉納されています。そして、球技の上達を願う人々の要望に応えて授与されるようになったのが、こちらの絵馬です。描かれているのは伝統的な蹴鞠のワンシーン。精大明神は芸能の神様でもあり、芸能上達の願い事もすることができます。

住所	京都府京都市上京区飛鳥井町261
授与時間	8:00～16:30
交通	地下鉄今出川駅から徒歩８分
電話	075-441-3810

郵送での授与可

公式HPから

今なお息づく蹴鞠

４月の春季例大祭と７月の精大明神祭には、京都蹴鞠保存会による蹴鞠が、古式ゆかしく奉納されます。蹴鞠は鞠を落とすことなく、一定の高さで蹴り上げて相手に渡すという実は難しい球技。見ているほうも思わず手に汗にぎります。

神社・周辺情報

白峯神宮は崇徳天皇と淳仁天皇を御祭神とする神社です。明治天皇がこの地に社殿を造営し、四国白峰の御陵から崇徳天皇のご神霊をお迎えされました。続いて淡路島の御陵より淳仁天皇のご神霊をお迎えし、同殿にお祀りされたそうです。

ご利益

野球

兵庫県
［西宮市］

甲《こう》子《し》園《えん》素《す》盞《さの》嗚《お》神《じん》社《じゃ》

野球への情熱を
白球の絵馬に託して。

「甲子園神社」「タイガース神社」とも呼ばれる甲子園素盞嗚神社。御祭神の素盞嗚命は、子孫繁栄・疫病退散など数々のご神徳をおもちで、スポーツもそのうちのひとつです。

この白球を模《かたど》った絵馬には赤く「祈」と書かれています。願い事は野球の上達、必勝祈願、安全祈願に甲子園大会の無事開催など、野球に関することが盛りだくさん。絵馬掛けの前にはベース形の敷石と、岡田彰布《あきのぶ》監督が揮毫《きごう》した「野球塚」があります。また、境内には「夢」という字が記されたボールのモニュメントがあり、こちらは星野仙一監督の揮毫によるもの。両監督ともに見事、タイガースを優勝に導きました。

住所	兵庫県西宮市甲子園町2-40
授与時間	9:00～16:00
交通	阪神甲子園駅から徒歩７分
電話	0798-41-4556

郵送での授与可

電話で問い合わせを

虎！　虎！　虎！

こちらも人気のタイガース絵馬。おなじみのロゴが絵馬とばっちり融合しています。幸運を招く「虎みくじ」や、ちりめん細工の「招い虎守」、ロゴがデザインされた「タイガース守」など、ホームタウンならではの授与品が並びます。

神社・周辺情報

素盞嗚神社は阪神甲子園駅を出てから、甲子園球場をぐるっと左回りに進んだところにあります。試合観戦の前にお参りする人も多いそう。毎年８月におこなわれる「野球祭」では、地元の野球少年による素振りが奉納されます。

ペット

ご利益

ペット

青森県
［八戸市］

法《ほう》霊《りょう》山《さん》 龗《おがみ》神《じん》社《じゃ》

絵馬に
愛するペットの
色を塗りましょう。

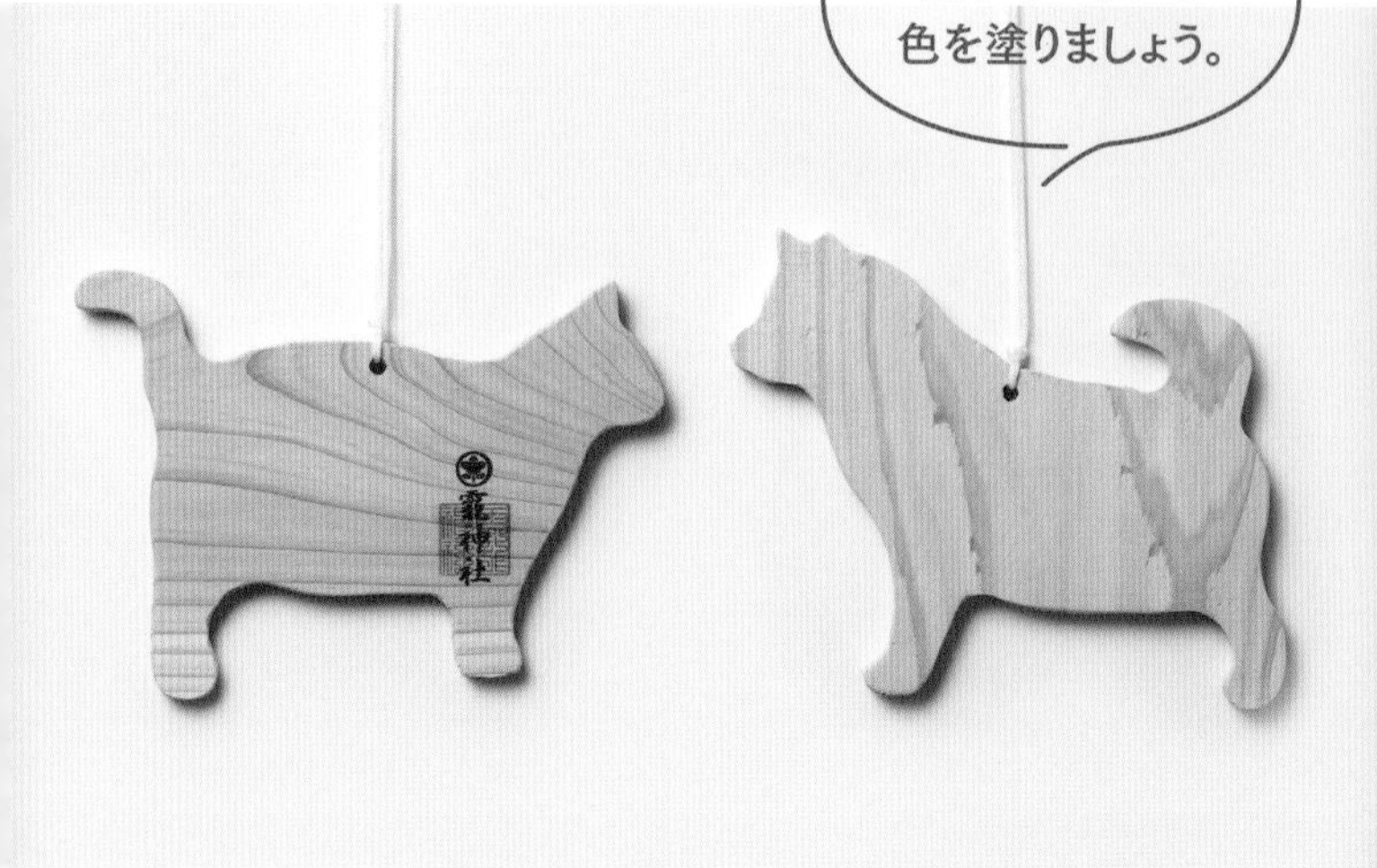

八戸市にご鎮座する法霊山龗神社には、犬と猫の形をした「愛玩動物祈願絵馬」があります。無地の面はペットに見立てて模様や色を塗り、神社名が入った面にペットの名前と願い事を書きます。絵馬は朱に塗られた絵馬板に奉納します。

動物たちが神社の本殿付近を好んで集まってくることから、御祭神は動物たちを愛でるお心をおもちなのではないかと考えたことが、この絵馬のきっかけとなったそう。絵馬の厚みには2種類あり、厚みのあるほうは自立するので神棚などにお飾りしやすくなっています。狛犬のように、神棚の左右に並べてもよいそうです。ペットが健やかで幸せでいられるよう、お祈りしましょう。

すべてはペットのために

ペットを守護する「愛玩動物守護神札」です。ペットがいる部屋の高いところに貼ったり、ケージに貼ってお祀りします。好奇心旺盛なペットがちょっかいを出さないよう、お祀りする場所は慎重に選びましょう。

神社・周辺情報

法霊山の「法霊（ほうりょう）」は偉い山伏修験者のお名前からなのだそう。神社にはその名も「りょう」という神社犬がいることでも知られます。くりくりした目がかわいい黒柴犬の女の子で、公式インスタグラムでそのお姿を見られます。

住所 青森県八戸市内丸2-1-51
授与時間 8:30〜17:00
交通 JR八戸駅から徒歩5分
電話 0178-22-1770

ご利益

ペット

神奈川県［鎌倉市］

佐《さ》助《すけ》稲《いな》荷《り》神《じん》社《じゃ》

やさしく寄り添うペットの絵馬。

古都鎌倉にある佐助稲荷神社は、源頼朝公とゆかりのある神社です。頼朝公は「佐殿《すけどの》」とも呼ばれていたことから、佐殿を助けた神様ということで、佐助稲荷の名前が付いたそうです。

佐助稲荷神社は「ペットと飼い主さんの心に寄り添える神社」をテーマに、ペットの絵馬やお守りを頒布しています。こちらの絵馬は、一緒に暮らすペットへの祈願だけでなく、亡くなったペットに伝えたいことも書いてよいそうです。旅立っていった子たちと絵馬を通じてお話ができるなんてすてきですね。絵馬に描かれている犬と猫の体には、やさしく包み込むような飼い主さんの手が表現されています。

住所	神奈川県鎌倉市佐助2-22-12
授与時間	9:00～16:00（11月～2月） 9:00～17:00（3月～10月）
交通	鎌倉駅・江ノ電鎌倉駅から徒歩20分
電話	0467-22-4711

祠を守るたくさんの白狐

佐助稲荷神社の境内には、人々から奉納された古い石の祠がたくさんあります。祠には神様のお使いである白狐（びゃっこ）の像が、たくさんお祀りされています。白狐の像は大、中、小と3種あり、授与所で受けることができます。

神社・周辺情報

社伝によると、「かくれ里の稲荷」と名乗る翁が頼朝公の夢枕に立ち、平家への挙兵をうながしました。その後平家を滅ぼした頼朝公は「かくれ里の祠」を探し当て、稲荷神社を再建さたと伝えられています。

ご利益

ペット

静岡県 ［伊東市］

神《じん》祇《ぎ》大《たい》社《しゃ》

神祇大社は、愛犬家なら一度は訪れたい神社です。手水舎にはペット用の水場があり、飼い主さんと一緒にお清めができます。授与所で絵馬を受ける際には、愛犬と一緒にお払いもしてもらえるのだそう。ペット用のお守りもあり、動物たちへの愛情がひしひしと伝わってきます。

　こちらのペット絵馬は、愛犬の顔を自分で描けるようになっています。愛犬をモデルにのんびりお絵描きするのもいいですね。裏側にはペットと飼い主さんの名前と、願い事を書きます。耳が立ったバージョンの絵馬もあるのだそう。ご長寿なペットが増えているのは、飼い主さんの願いが神様にちゃんと届いている証なのかもしれませんね。

踏むといいことが

境内の敷石には大小60個の「縁起石」があります。漢字のもととなった象形文字が彫られていて、お目当ての文字を踏むとご利益があるのだそう。人気なのはやはり「戌」の字！　たくさんの犬たちがこの文字を踏んでいるそうです。

神社・周辺情報

神祇大社は天照大御神をはじめとしたすべての神々をお祀りする神社です。神社のある伊豆地方は、ペットと泊まれる宿や、犬連れOKな観光スポットが多く、ペットとお出かけするにはぴったり。マナーを守って楽しくお参りしましょう。

住所　静岡県伊東市富戸1088-8
授与時間　9:00～16:00
交通　伊豆急行富戸駅から徒歩17分
電話　0557-51-5151

郵送での授与可

電話で問い合わせを

ご利益

ペット

大阪府
［大阪市］

四《し》天《てん》王《のう》寺《じ》 聖《しょう》霊《りょう》院《いん》

「黒駒」は
聖徳太子の愛馬。

四天王寺は今から１４００年以上も前に、聖徳太子によって創建されたお寺です。聖霊院は、聖徳太子をお祀りしているお堂。「太子殿」とも呼ばれ、太子信仰の中心となっています。

聖徳太子は「黒駒《くろこま》」という馬を大切にされていました。黒駒は甲斐国《かいのくに》（現・山梨県）から来た優れた馬で、神馬ともいわれています。聖徳太子を乗せて、奈良の都から富士山まで飛んだという伝説があるほどです。

こちらの「愛馬黒駒絵馬」は、ペットの健康長寿や病気平癒、お散歩中の交通安全などの願い事ができる絵馬です。黒駒を愛した聖徳太子に、愛するペットの幸せを願いましょう。

住所	大阪府大阪市天王寺区四天王寺1-11-18
授与時間	8:30～16:00（10月～3月） 8:30～16:30（4月～9月）
交通	地下鉄四天王寺前夕陽ケ丘駅から徒歩５分／JR天王寺駅から徒歩12分
電話	06-6771-0066

四天王のお守り

「四天王木札守」は、四天王である持国天、増長天、広目天、多聞天が記されたお守りです。四天王は、仏教を信仰する人に必ず救いの手を差し伸べてくださる、仏教世界の神様。聖霊院、金堂、六時堂、英霊堂、庚申堂で受けられます。

寺院・周辺情報

聖霊院の前殿には太子十六歳像、太子二歳像、四天王が、奥殿には秘仏の太子四十九歳像がお祀りされています。四十九歳像は１月22日のみの公開。毎年２月22日の「太子二歳まいり」では、２歳前後のお子さん連れでにぎわいます。

ご利益

諸願成就　猫

山口県
[萩市]

雲《うん》林《りん》寺《じ》

絵馬の猫の名付け親はあなたです。

毛利輝元《てるもと》の家臣、長井元房《もとふさ》は猫をかわいがっていました。けれども元房は輝元亡き後、殉死の道を選びます。猫は元房のお墓から離れようとせず、元房の四十九日の法要の日に舌をかんで死んでしまいました。お寺のお坊さんはこの忠義な猫を哀れみ、供養しました。「猫寺」とも呼ばれる雲林寺は、元房のお墓がある天樹院《てんじゅいん》の末寺にあたります。

この絵馬の裏には「この猫の名前」を書く欄があります。絵馬の猫に名前を付けて願い事を書き、表には名付けた猫の顔を描いて奉納します。絵馬の猫が私たちにかわって、毎日祈ってくれるのだそう。忠義な絵馬の猫さんなのです。

パンフもユニーク

雲林寺のパンフレットはとってもユニーク。「猫寺のツボ」はイラストでわかる境内案内。英語と中国語表記もされています。「招福堂縁起絵巻」はお寺の縁起がマンガでわかります。「帰猫符」は猫が無事に帰るように願うお札です。

寺院・周辺情報

雲林寺は、猫のなで仏さまに、猫のチェーンソーアート、木でできたお面の「猫かぶり」など、猫づくしのお寺。お守りやおみくじ、お土産物も、猫・猫・猫。お寺には本物の猫たちもいて、気まぐれに参拝者を癒やしてくれます。

住所	山口県萩市大字吉部上2489
授与時間	9:00〜17:00
交通	萩市街地から車で30分
電話	08388-6-0307

ご利益いろいろ

ご利益

目

岩手県
［平泉町］

中《ちゅう》尊《そん》寺《じ》 峯《みね》薬《やく》師《し》堂《どう》

昔も今も
健康な目は
みんなの願い。

まばゆい金色堂が有名な中尊寺。平成23年には、中尊寺を含む「平泉の文化遺産」が世界遺産に登録されました。山内にはたくさんのお堂があることでも知られます。この「め」の絵馬は、峯薬師堂というお堂の絵馬で、昔から目に関する願い事がされてきました。

峯薬師堂ののぼり旗は、一風変わっています。旗の下のほうに、両の目が縦にズラリと並んでいるのです。少しびっくりしますが、目にご利益があることがひと目でわかります。御本尊の薬師如来は、病気を治してくださる仏様。峯薬師堂の薬師如来像は、美しい金箔に覆われています。美しいお薬師様にお参りして、目の保養をさせていただきましょう。

住所	岩手県西磐井郡平泉町平泉衣関67
授与時間	9:00～17:00（４月～11月中旬） 9:00～16:30（11月中旬～３月）
交通	JR平泉駅から車で５分
電話	0191-46-2705

目のお守りをお土産に

「め」とシンプルにデザインされた、目のお守りも人気です。色は濃紫と薄紫の２種類で、身に着けやすい根付けタイプの小さなお守りです。スマホやタブレットの見すぎで最近目が……、という人へのお土産にぴったりですね。

寺院・周辺情報

中尊寺の山内にはふたつの薬師堂があります。峯薬師堂は弁慶堂、地蔵堂、薬師堂と進んで、本堂を少し過ぎたあたりにある小さなお堂です。さらに進むと、有名な金色堂があります（讃衡蔵・金色堂・経蔵・旧覆堂は拝観料が必要）。

ご利益

手

栃木県
[足利市]

大《おお》手《て》神《じん》社《じゃ》

手技の向上と
手の病・けが平癒を
願います。

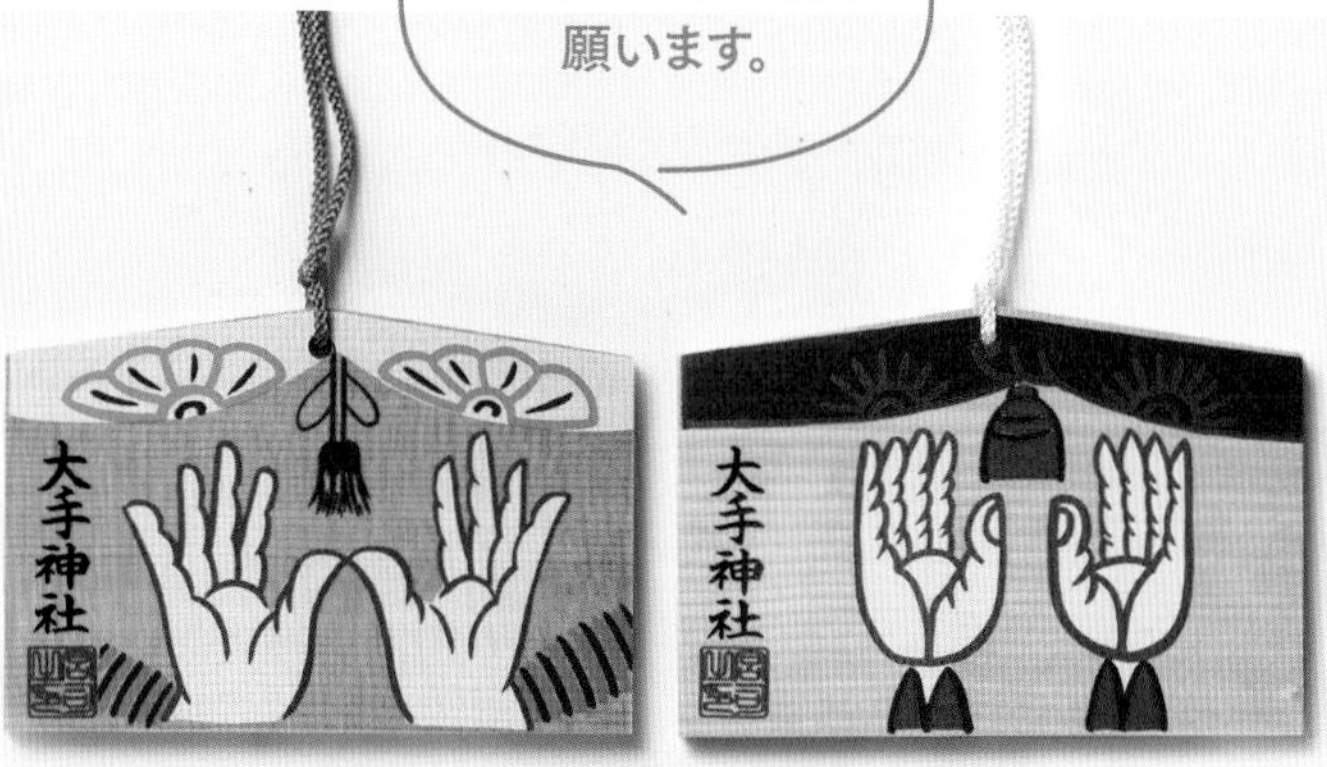

大手神社の御祭神は、天の岩戸開きで活躍した天手力男命《あめのたぢからおのみこと》。手の上達と病の回復を願って、手を描いた絵馬がたくさん奉納されてきました。この地方は昔から機織《はたお》りが盛んなため、特に手の技術向上を願う人が多かったそうです。一方で、大手神社の御祭神は平将門公である、との説もあります。かつて大手神社は大手権現と呼ばれ、権現様は将門公の御手をお祀りしているとも伝わります。なんともミステリーですね。

大手神社は無人の神社で、絵馬の頒布は総代の吉田工務店さんがおこなっています。事務所を留守にするときがあるそうなので、絵馬を受けたいときは事前に電話で問い合わせましょう。

住所 栃木県足利市五十部町375
授与時間 下記頒布所に問い合わせを
交通 JR足利駅から車で15分
●絵馬頒布所
栃木県足利市五十部町320-1
吉田工務店
●絵馬に関する問い合わせ
吉田工務店
0284-21-0448

驚くべき絵馬

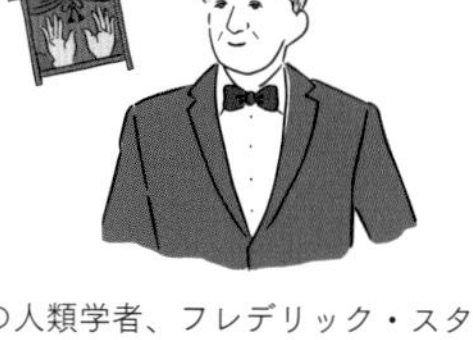

米国の人類学者、フレデリック・スタール博士は親日家で知られ、大正から昭和にかけて何度も来日しました。博士が足利を訪れた際、大手神社の絵馬堂に納められた絵馬を見て、全国百社のうちに入る価値あるものと評したそうです。

神社・周辺情報

大手神社は小さなお社ですが、絵馬堂にはたくさんの絵馬が奉納されています。拝殿にお祀りされている五股の木や古い絵馬も見ることができます。五十部町には女性の下の病気にご利益がある水使(みずし)神社があることでも知られます。

ご利益

子育て　目

東京都
［中野区］

新《あら》井《い》薬《やく》師《し》 梅《ばい》照《しょう》院《いん》

両目を表している「あわせ目」の絵馬。

梅照院には「め」を表現した「あわせ目」という、絵馬があります。名前を「めめ絵馬」といい、昔ながらの黒い木枠にオレンジ色の柄がかわいらしいデザインとなっています。そして、現代では珍しくなった職人の手で描かれた絵馬なんです。目の願い事はもちろん、それ以外の願い事も多くされるそうです。

梅照院は眼病平癒のお寺として知られます。その昔、徳川二代将軍のお子である和子の方が眼病を患い、万策つきて人を使わし、祈願したところ、病が寛解したのだそう。当時は今よりも目の治療が難しい時代でした。このことから、梅照院は「治眼薬師」とも呼ばれ、信仰を集めるようになりました。

住所	東京都中野区新井5-3-5
授与時間	9:00～17:00
交通	西武新井薬師前駅から徒歩５分
電話	03-3386-1355

郵送での授与可

公式HPから

大切な目のために

梅照院には、種々の願いにまつわるお守りがたくさんあります。こちらは「治眼」のお守り。めめ絵馬をモチーフにした「めめ鈴」、眼病平癒の祈願された「めぐすりの木茶」などもあり、思わずじっと見てしまうこと間違いなしです。

寺院・周辺情報

「新井薬師」の呼び名で知られる梅照院は、正式には新井山梅照院という真言宗のお寺です。江戸時代に薬師如来の啓示による優れた小児薬が、多くの子供を救ったことから、「子育薬師」としても信仰されています。

ご利益

ご多幸　タコ・イボ

東京都
［目黒区］

たこ薬師《やくし》 成就院《じょうじゅいん》

福を吸い寄せて
タコやイボが
ポロリと
取れますように。

「たこ薬師」と呼び親しまれている成就院は、天台宗のお寺。天台宗の開祖である最澄の高弟、慈覚大師円《じかくだいしえん》仁《にん》によって開山されました。御本尊は蛸薬師如来。3匹のたこに乗った薬師如来で、大師が諸病平癒を願ってお刻みになったのだそう。

ユーモラスなたこが描かれたこちらの絵馬は、開運招福の絵馬。「ありがたや福をすいよせるたこ(多幸)薬師」と記されています。成就院の絵馬は、タコやイボ平癒にご利益があることでも有名です。境内には「信じて願えば何んでも治る」といわれる「おなで石」があり、寛政の改革で知られる松平定信が、おなで石のご利益でイボが取れたことの不思議を自著に残しているそうです。

住所	東京都目黒区下目黒3-11-11
授与時間	9:00～17:00
交通	JR目黒駅から徒歩10分
電話	03-3712-8942

たことお薬師様

こちらは眼光鋭いたこが描かれた奉納絵馬。成就院には慈覚大師が海神に捧げたお薬師様の小像が後日、たこに乗って大師の前に現れたという縁起があります。御本尊の蛸薬師如来はそのときのお姿を模して大師が刻まれたと伝わります。

寺院・周辺情報

ご本尊の薬師如来は、諸病を治す法薬を与える医薬の仏様として信仰を集めています。1月8日の初薬師縁日には、薬師三尊像がご開帳となります。また、保科正之の生母であるお静の方が奉納した「お静地蔵」が境内にあることでも知られます。

浅草名所七福神《あさくさなどころしちふくじん》の福笹

COLUMN

お正月になるとお参りしたくてウズウズしてしまう、七福神めぐり。家内安全、商売繁盛、健康長寿に縁結びなど、諸願成就のさまざまなご利益がいただける、ちょっとよくばりなお参り法です。七福神信仰が庶民に広まったのは室町時代とされますが、江戸時代にはお正月の七福神めぐりが大流行しました。なかでも浅草名所七福神詣は、江戸市中で有名だったそうです。

浅草名所七福神は9社あります。「九」という字は数字のなかでもっとも大きく、究極の数字。また九は「鳩」という字にも通じ、縁起のいい意味をもつことから、9社寺となったそう。9社をめぐる順番は自由。歩いて全部お参りすると4時間ほどで、1日でめぐりきれないときは、何日かに分けてもよいそうです。

こちらの「福笹」は浅草名所七福神の授与品。小さな絵馬に七福神のお姿が描かれています。緑の笹に、各社寺で受けられる絵馬と干支の絵馬を吊るします。持ち歩くと絵馬がカラカラと音を立て、新しい年の門出をお祝いしてくれているようです。

浅草名所七福神

浅草寺（台東区浅草2-3-1）…大黒天
浅草神社（台東区浅草2-3-1）…恵比須
待乳山聖天（台東区浅草7-4-1）…毘沙門天
今戸神社（台東区今戸1-5-22）…福禄寿
矢先神社（台東区松が谷2-14-1）…福禄寿
不動院（台東区橋場2-14-19）…布袋尊
石浜神社（荒川区南千住3-28-58）…寿老神
鷲神社（台東区千束3-18-7）…寿老人
吉原神社（台東区千束3-20-2）…弁財天
●問合せ／待乳山聖天
03-5603-9977（音声サービス）

一般的に七福神めぐりは1月7日までとされますが、浅草名所七福神は1年を通じて授与品や御朱印を受けられます。なお、笹のデザインは今後新しくなる予定だそうです。

ご利益

気象

東京都
［杉並区］

高円寺氷川神社《こうえんじひかわじんじゃ》
気象神社《きしょうじんじゃ》

あした
てんきになぁれ。
晴天祈願を
する人多し！

高円寺氷川神社には、日本で唯一の気象神社があります。御祭神は八意思兼命《やごころおもいかねのみこと》。天の岩戸に隠れてしまわれた天照大御神《あまてらすおおみかみ》を、外界に戻す知恵を出した神様です。世界に太陽を取り戻したことから、気象の神としてお祀りされるようになりました。

気象神社の絵馬は、お天気占いでおなじみの下駄の形をしています。「結婚式の日が晴れますように」と、カップルでお参りする方が多いそう。なかには「晴れ女になれますように」「脱・雨男」という切実なお願いも。また、気象予報士の合格祈願をされる方も多いそうです。

天気は暮らしに直結するもの。暮らしやすい気候がこれからも続きますように。

住所	東京都杉並区高円寺南4-44-19
授与時間	9:00～16:00（不定休）
交通	JR高円寺駅から徒歩1分
電話	03-3314-4147

カラフルな「照々みくじ」

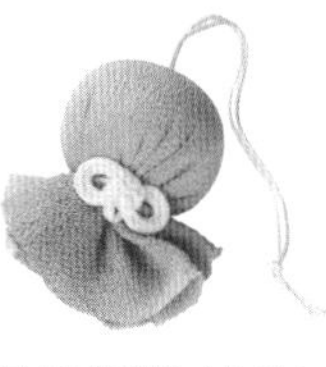

照々みくじは気象神社オリジナルのおみくじ。袋の中にはかわいい「てる坊」とおみくじが入っています。てる坊の色は8種。色によってご利益が異なります。絵馬掛けには下駄絵馬と一緒にたくさんのてる坊が奉納されています。

神社・周辺情報

アニメ映画『天気の子』ファンの聖地巡礼の地ともなっている気象神社。映画には下駄の形をした絵馬も登場します。気象神社は戦時中、旧陸軍気象部が予報的中を祈願して造営したのがはじまりだそう。終戦後、この地に遷座されました。

ご利益

旅の安全　足

愛知県
［豊田市］

足《あ》助《すけ》八《はち》幡《まん》宮《ぐう》

足の健康と
旅の無事を祈って。

足助八幡宮は、紅葉で名高い香嵐《こうらん》渓《けい》の入り口に鎮座する神社です。古くから、足、交通、健康長寿の神様として信仰されてきました。足助の町はかつて宿場町として栄え、街道を往来する人々はこの地で足を休めて、足助八幡宮で安全を祈願したそうです。現在は、健脚祈願にスポーツ関係者も訪れているそう。

こちらの足の形をしたかわいい絵馬は「足絵馬」といい、足の健康をお願いする絵馬です。いくつになっても自分の足で元気に歩きたいもの。今後、健康志向は一層の高まりを見せると思われます。願い事を書いた足絵馬は、境内にある「御足宮」に吊るして奉納しましょう。

住所	愛知県豊田市足助町宮ノ後12
授与時間	10:00～15:00
交通	各線バス停「香嵐渓」から徒歩すぐ
電話	0565-62-0516

山頂用のかわいい絵馬

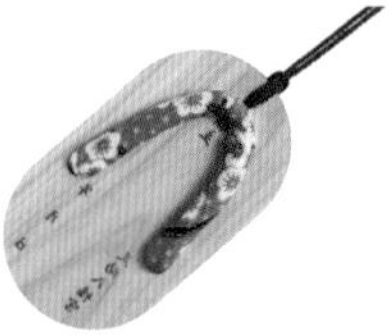

飯盛山山頂用の絵馬もあります。草履形のデザインで、かわいい鼻緒がポイント。山頂の磐座のまわりに絵馬を奉納すると、足腰の健康にご利益があるそう。山頂参拝用の絵馬ですが、あまりのかわいさからお土産にする人も多いのだとか。

神社・周辺情報

香嵐渓の飯盛山山頂には、かつて足助八幡宮の元宮がありました。現在も、山頂には神様をお祀りしたとされる巨石、磐座（いわくら）があります。足助八幡宮から山頂までは歩いて15分ほど。歩きやすい靴でお参りしましょう。

ご利益

足腰

京都府
［京都市］

護《ご》王《おう》神《じん》社《じゃ》

丈夫な足腰で元気に猪突猛進!!

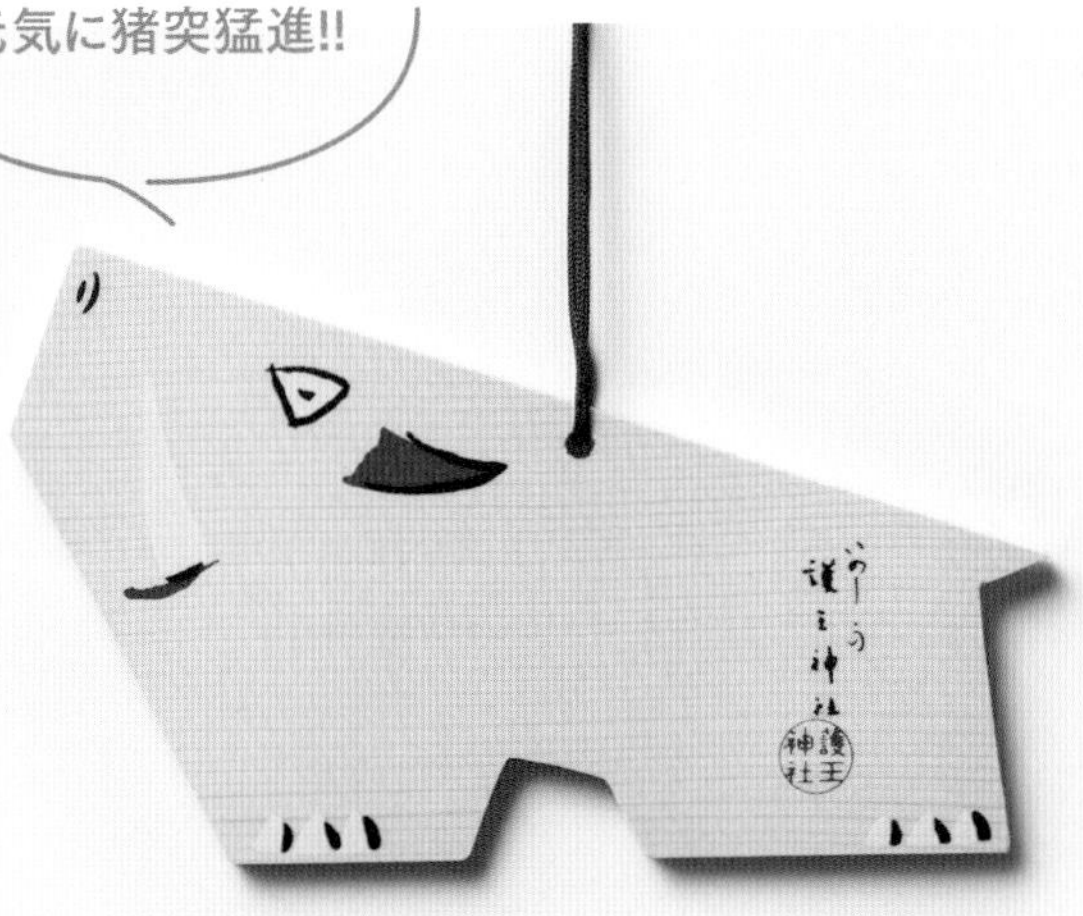

京都蛤御門《はまぐりごもん》前にご鎮座する護王神社は「いのしし神社」とも呼ばれます。平安京の建都に貢献した和気清麻呂《わけのきよまろ》公をお祀りする神社で、足腰にご利益があることで知られます。清麻呂公といのししと足腰には、こんないい伝えがあります。

奈良時代の末、清麻呂公は政敵であった弓削道鏡《ゆげのどうきょう》に足の腱を切られたうえに、九州の山奥に流刑となりました。九州へと向かう途中、刺客に襲われるなど災難が立ちはだかります。そこに突然３００頭ものいのししが現れて、清麻呂公を守って道案内したのだそう。その後清麻呂公の足は不思議と治ったと伝わります。この絵馬には足腰健康祈願をはじめ、いろんな願い事ができます。

住所　京都府京都市上京区烏丸通下長者町下ル桜鶴円町385
授与時間　9:30〜16:30
交通　地下鉄丸太町駅から徒歩７分
電話　075-441-5458

足と腰を守ります

足のお守りには足裏のシルエットが、腰のお守りには腰に手をあてる女性がデザインされています。ご利益は足腰の健康保持やけが・病気の回復など。目標に向かって突き進むためにも、足腰健康であることを心がけたいものです。

神社・周辺情報

拝殿の前には狛犬ならぬ狛いのししの「霊猪像（れいちょぞう）」があり、護王神社のシンボルとなっています。鼻をなでると幸せになるという「霊猪手水舎」や、願掛け串を刺して奉納する「願かけ猪」など、いのししの見どころが満載です。

ご利益

厄除け開運　旅の安全

京都府
［京都市］

粟《あわ》田《た》神《じん》社《じゃ》

粟田祭の「剣鉾」は祇園祭りの山鉾原形ともいわれます。

毎年10月におこなわれる粟田祭は、１０００年以上も続く壮大な祭礼。この絵馬には、祭礼中におこなわれる神幸祭の「剣鉾《けんぼこ》」が描かれています。神輿の先導を務める剣鉾は、神様のお渡りになる道筋を祓い清め、悪霊を鎮める祭具。１基につき重さは40～60キロ、長さは7～8メートルもあります。それを剣差しと呼ばれる人がひとりで差すというのだから驚きです。

粟田神社は京都の東の出入り口である粟田口に鎮座します。昔から旅の安全祈願と感謝をする人が多く訪れ、いつしか旅立ち守護・旅行安全の神様として知られるようになりました。悪霊を鎮めるという剣鉾に、旅の安全と厄除けを願いましょう。

刀剣に願いを

鍛冶神社は粟田神社の境内末社。製鉄と鍛冶の神様である天目一箇神（あめのまひとつのかみ）と、粟田口の刀工である三条宗近命と粟田口吉光命がお祀りされています。刀が描かれたこの絵馬は、「刀剣女子」からも人気の絵馬となっています。

神社・周辺情報

粟田神社は建速素盞鳴尊（たけはやすさのおのみこと）と大己貴命（おおなむちのみこと）を主祭神としてお祀りし、厄除け・病除けの神社として崇敬されてきました。秋になると、本殿のそばや参道の階段近辺が美しい紅葉で彩られます。

住所	京都府京都市東山区粟田口鍛冶町1
授与時間	8:30～17:00
交通	地下鉄東山駅または蹴上駅から徒歩７分
電話	075-551-3154

郵送での授与可

公式HPから

ご利益

痔病

兵庫県
［神戸市］

長《なが》田《た》神《じん》社《じゃ》

お尻の
悩みに朗報！
神様の化身である
赤えいの絵馬。

長田神社にはかわいらしい赤えいの絵馬があります。古伝によると、6世紀頃の初秋、赤えいの群れが増水した川をさかのぼって境内にまでやってきて、摂社である楠宮稲荷社の御神木付近で姿を消したそう。以来、この御神木は神の化身である赤えいの宿るところとされています。

赤えいの絵馬のご利益は痔病平癒。その霊験あらたかなことから、楠宮稲荷社は「痔の神様」といわれます。「私は痔じゃないんだけどな」という方も大丈夫。昨今は、痔病以外の病気平癒のご祈願も多いそうです。ちなみに痔の願い事のときは氏名や住所は書かず、年齢、干支、性別のみを書いて奉納します。

住所 兵庫県神戸市長田区長田町3-1-1
授与時間 9:00～16:00
交通 地下鉄長田駅から徒歩５分／阪神高速長田駅から徒歩５分
電話 078-691-0333

災いを祓う鬼の絵馬

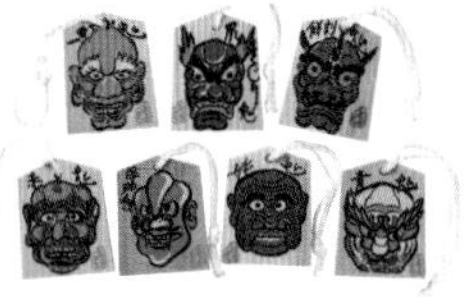

長田神社でおこなわれる古式追儺式の絵馬です。神事に登場する一番太郎鬼、赤鬼、青鬼、姥鬼、呆助鬼、尻くじり鬼、そして大役鬼である餅割鬼の７匹の鬼が描かれています。鬼たちは神々のお使いであり、災いを祓い清める存在です。

神社・周辺情報

赤えいの絵馬は、明治時代に楠宮稲荷社の近くで茶店を営んでいたお婆さんが、参拝者の願掛け用に作ったのがはじまりだそう。楠宮稲荷社裏には推定樹齢800年強の楠（くすのき）の御神木があり、赤えいの絵馬がたくさん奉納されています。

ご利益

断ち事

奈良県
[生駒市]

宝《ほう》山《ざん》寺《じ》

くじけそうに
なったとき
この絵馬のことを
思い出して。

宝山寺は「生駒《いこま》の聖天《しょうでん》さん」「生駒さん」とも呼ばれます。現世のあらゆる願いを叶えてくれるお寺として、人々から広く信仰されてきました。商売繁盛の聖天さんとして有名ですが、喫煙・ギャンブル・浮気・飲酒などを断つ「断ち祈願」でも知られ、断ち事を願う「断ち絵馬」が昔から授与されています。

心という字に錠がかかったこの絵馬は、自分の心に固く鍵をかけることを表しています。江戸時代から変わらないデザインなのだそう。人間だもの、ときには欲望に心を惑わされることもあるでしょう。そんなとき、ガッチリ心に鍵をかけてくれる頼もしい絵馬なのです。

修行場でもあった般若窟

本堂の後方にそびえる山の岩屋は、般若窟と呼ばれます。般若窟の名は、役行者（えんのぎょうじゃ）がこの岩屋で修行し、般若経を納めたことから付けられたといわれます。般若窟には弥勒菩薩坐像が安置されています。

寺院・周辺情報

宝山寺は約300年前に、湛海律師（たんかいりつし）が開山したお寺です。鎮守神として聖天様をお祀りしているため、境内には鳥居があります。本堂は宝山寺最古の建造物で、御本尊の不動明王像は湛海律師作なのだそう。

住所 奈良県生駒市門前町1-1
授与時間 終日授与
交通 近鉄生駒駅下車、生駒ケーブル鳥居前駅から宝山寺駅へ。境内までは徒歩10分
電話 0743-73-2006

郵送での授与可

電話で問い合わせを

ご利益

願いを固る

福岡県
［福岡市］

警《け》固《ご》神《じん》社《じゃ》

四季とともに
移り変わる、目にも
鮮やかな絵馬。

警固神社の絵馬は、季節によって変わります。3月から5月が桃色、6月から8月が水色、9月から11月が黄色、12月から2月が赤色です。四角に丸のスタイリッシュな紋様は、警固神社の新しい社紋。大事なものを固《まも》ることをイメージして、「固」をデザインしたのだそう。私たちの祈りを固ってくれる絵馬です。平成28年におこなわれた神社のリブランディングによって、授与品の絵馬も新しく生まれ変わりました。

社名の「警固」は周辺の地名ともなっていて、大宰府政庁の防衛施設「警固所」に由来するものだそう。警固所はその役目を終えましたが、警固神社が私たちを警《いまし》め、固ってくれています。

思わず笑顔になるおみくじ

境内社である今益稲荷神社には、「笑いきつね」の像があります。きつねは神様のお使いですが、笑っているきつねは全国でも珍しいそう。きつねみくじは「笑いきつね」と「ほほえみきつね」の2種類。どちらもかわいく参拝土産にぴったり。

神社・周辺情報

本殿は福岡藩三代藩主黒田光之によって再興され、現在も当時の佇まいを残しています。軒下には鳥や動物などの彫り物があり、探してみるのも一興です。また、天神のショッピングエリアからも近く、癒やしスポットとしても人気の神社です。

住所　福岡県福岡市中央区天神2-2-20
授与時間　9:00〜17:00
交通　西鉄福岡天神駅から徒歩1分／地下鉄天神駅から徒歩3分
電話　092-771-8551

郵送での授与可
（おみくじは不可）
電話で問い合わせを

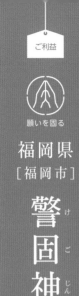

地域別に探す絵馬INDEX

中国・四国地方

九州地方

東北地方

関東地方

中部地方

近畿地方

願いを叶える
全国の神社・お寺の絵馬

2021年11月30日　初版第1刷発行

発行者　滝口直樹
発行所　株式会社マイナビ出版
〒101-0003　東京都千代田区一ツ橋2-6-3　一ツ橋ビル2F
TEL：0480-38-6872（注文専用ダイヤル）
TEL：03-3556-2731（販売部）
TEL：03-3556-2735（編集部）
E-mail：pc-books@mynavi.jp
URL：https://book.mynavi.jp
印刷・製本　シナノ印刷株式会社

編集　横沢ひかり（mosh books）
執筆　堀口祐子（ポットベリー）
デザイン　増田啓之（TARO inc.）
撮影　中村年孝
イラスト　海藤祥子
協力　社寺の皆様、絵馬関係者の皆様
校正　株式会社鷗来堂
企画・編集　伏嶋夏希（マイナビ出版）

〈参考文献〉
『神道いろは』神社新報社
『絵馬に願いを』二玄社
『特別展「絵馬」展示品図録』埼玉県立博物館
『東松山上岡観音の絵馬市の習俗』東松山市教育委員会
『御朱印と御朱印帳で旅する神社・お寺』マイナビ出版

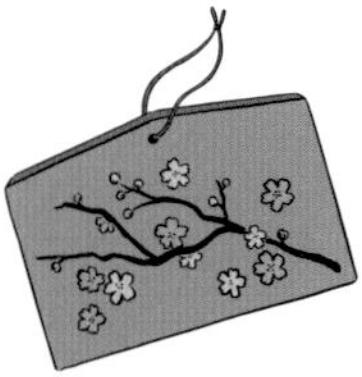

定価はカバーに記載しております。

ISBN978-4-8399-7745-0　C2077
Printed in Japan